공부! 넌 빡세게 하니?
난 설렁설렁 한다

공부! 넌 빡세게 하니? 난 설렁설렁 한다

초판 1쇄 인쇄   2014년 12월 19일
초판 1쇄 발행   2014년 12월 26일

지은이   양 회 성
펴낸이   손 형 국
펴낸곳   (주)북랩
편집인   선일영   편집   이소현, 김진주, 이탄석, 김아름
디자인   이현수, 신혜림, 김루리   제작   박기성, 황동현, 구성우
마케팅   김회란, 이희정
출판등록   2004. 12. 1(제2012-000051호.)
주소   서울시 금천구 가산디지털 1로 168, 우림라이온스밸리 B동 B113, 114호
홈페이지   www.book.co.kr
전화번호   (02)2026-5777   팩스   (02)2026-5747

ISBN   979-11-5585-434-1 03370(종이책) 979-11-5585-435-8 05370(전자책)

이 도서의 국립중앙도서관 출판예정도서목록(CIP)은 서지정보유통지원시스템 홈페이지(http://seoji.nl.go.kr)와
국가자료공동목록시스템(http://www.nl.go.kr/kolisnet)에서 이용하실 수 있습니다.
(CIP제어번호 : CIP2014037199)

침팬지 공부법(Chimp-Study)

공부! 넌 빡세게 하니?
난 설렁설렁 한다

양회성 지음

북랩 book Lab

들어가며

    저자는 성인이 되어서야 공부를 하면서 시간부족, 기억력 한계 등을 극복하고자 효율적인 공부 방법을 연구, 적용, 개선하던 과정에서 책 넘김 학습을 기본으로 한 침팬지 공부법을 발견하였다.

    침팬지 공부법은 지루하지도 않고 즐겁고 쉽게 하는 방법으로 눈으로는 설렁설렁 보고, 손으로 그림 그리듯이 즐겁게 정리하고, 입으로 나를 스스로 가르치듯이 떠들면 명확하게 기억된다는 것을 발견하였다.

    이 공부법을 자녀와 주변사람들에게 알려주었고 모두가 원하는 목적을 달성하였다. 다들 공부를 놀면서 한 기분이라 한다.

    공부는 놀면서 설렁설렁 하는 것이지 인상 쓰고 할 이유가 없는 것이다.

    지금까지 해왔던 공부 방법으로 오늘도 똑같이 고집한다면 내일도 결과가 같을 것은 당연하다. 더 좋은 성과를 내고 싶다면 변화하고 바꾸어야 한다.

　자기 주도적 공부를 찾아가는 한 가지의 방법이 침팬지 공부법일 수 있다.

　공부는 내 인생을 성공으로 이끌어주는 훌륭한 도구이다. 어떻게 공부를 사용할 것인가?

　자신을 지옥으로 몰 것인가? 천국으로 이끌어주는 길로 인도할 것인가? 선택은 여러분 몫이다!

이메일: chimp_study@naver.com

카페: http://cafe.naver.com/chimpstudy

저자의 말

공부는 열심히 하는 것보다 어떻게 하느냐가 더 중요하다!

'우리 아이는 머리는 좋은데 성적은 좋지 못하다', '열심히 노력은 하는데 결과는 만족스럽지 못하다', '시험일은 다가오는데 시간은 부족하다', '공부하는 습관이 안 되어 공부를 시작할 엄두가 나지 않는다' 이런 말들을 들었거나 고민하고 있지 않습니까?

여러분들은 올림픽 마라톤 금메달리스트인 황영조 선수를 기억할 것입니다. 이분이 어느 TV 특집프로그램에서 한 말이 기억납니다. "마라톤이 정말 싫었습니다! 그래서 마라톤을 그만하고 싶어 죽어라 뛰었습니다."라는 명언이었습니다.

여러분도 공부가 싫습니까? 그럼 죽어라 하여 합격의 영광과 시간의 자유를 얻어 보기 바랍니다. 그런데 공부를 어떻게 죽어라 할 겁니까?

요즘 학생들을 보면 마음이 아픕니다. 한참 웃고 즐거워하면서 자신의 꿈을 찾고 정립시켜야 할 나이에 태어나서 말과 글자만 터득하면 자신의 의지와 상관없이 쓰러질 정도로 공부를 받아들여야 하는 시대를 살아가고 있기 때문입니다.

공부라는 것을 자신의 의지와 상관없이 의무적으로 해야 하고, 단순하게 지식을 암기하는 과정으로 받아들이면 참 재미없는 것일 수 있습니다. 그런데 안타깝게도 우리 사회 교육 현실이 그렇습니다.

공부! 하기 싫죠? 그런데 학생 시절에는 맹목적으로 하라고만 하고 이제 취업하려니 어쩔 수 없이 할 수밖에 없는 상황입니다. 그런데 그냥 열심히만 한다고 모두 해결되지는 않을 것입니다.

공부 방법을 모르고 열심히만 하는 것은 저수지에서 낚시질하는 데 바다 낚시도구로 하는 것과 같습니다. 낚시질하는데 고기 안 잡히면 미끼가 잘못되었나 확인해 보다가 계속 안 잡히면 곧 지루하고 짜증나게 됩니다. 그리고 나중에 자신은 '낚시가 적성에 맞지 않는다. 소질이 없다'고 결론을 짓고 포기하거나 즐거워하지 않게 됩니다. 근본 원인은 낚시도구부터 잘못된 것임을 모르는 경우가 많은 것 같습니다.

저자도 여러 원인으로 고등학교를 졸업 후 곧바로 대학을 진학하지 못하고 결혼 후 공부를 다시 시작하여 30대에 대학공부를 독학으로 했고, 직장생활에서 필요한 업무 관련 자격증을 대부분 취득했으며, 40대가 되어서야 석사, 박사(학위 준비 중) 공부를 마치고 기술사까지 취득하였습니다.

직장과 가정생활의 주어진 시간 제약 환경 속에서 효율적으로 공부할 수 있는 방안을 찾아 나름대로 공부하던 중, 저자가 공부하고 있는 방법이 침팬지의 기억원리와 비슷하다는 것을 알게 발견하였습니다.

이 책의 부제목이 '침팬지 공부법'입니다.

어느 날 TV 프로그램에서 침팬지와 대학생들 간 기억력 대결을 했는데, 신기하게도 대학생들이 침팬지를 이기지 못하는 것입니다. 대결 방법은 모니터에서 0-9까지 숫자가 점등되면서 위치를 바꾸어 불규칙적으로 점등을 시키고 다시 순서대로 기억해 내는 게임이었습니다.

점등되는 숫자를 순서대로 맞추는 단순한 게임이었는데 신기하게도 인간이 침팬지에게 참패를 당했습니다.

여러분들도 같은 결과가 나올 것 같은 예감이 듭니다.

예를 들자면 4, 5, 7, 9, 2, 3, 7, 8, 0 이런 순서로 점등이 되었다면 여러분은 어떻게 기억하십니까? 숫자를 순차적으로 기억하려 하실 겁니다. 그런데 몇 개의 숫자까지 기억하실 것 같습니까? 보통사람이라면 7개 이내 정도입니다.

그러나 침팬지는 인간과 달리 숫자를 외우지 않고 점등위치를 순간 순간을 사진 찍듯이 기억하고, 기억해 낼 때는 마치 필름 돌리듯이 찾아내는 방법으로 기억합니다. 결론은 인간과 달리 침팬지는 '영상기억법'을 사용하므로 정확하게 기억한다는 것입니다.

침팬지 공부법의 기억원리가 바로 영상기억법을 응용한 것으로 본문에서 제시되는 방법에 따라 쉽고 즐겁게 놀듯이 하다 보면 자연스럽게 영상기억법을 터득하게 되고 시험장에서는 기적을 경험하게 됩니다.

이 방법이 저자에게만 해당되는 것인지 궁금하여 당시 고등학교 2학년 딸아이가 '공부를 열심히 해도 성적이 오르지 않는다'며 도움을 요청하기에 시험 삼아 저자가 경험한 공부 방법 중 일부만을 알려 주었고 딸아이는 일부를 익혔을 뿐인데도 급격한 성적향상을 경험하였습니다.

이 공부법을 절대 신봉하게 된 딸아이는 모든 과목에 확대 적용하더니 고3이 되어서는 1%대 상위권으로 진입하였습니다.

지금은 자신이 선택한 대학, 학과에 합격하여 즐거운 대학공부를 하고 있는데, 이제는 대학공부 방법은 없냐고 묻습니다. 아마도 선다형에 익숙한 지금까지의 공부 방법과는 달리 리포트를 작성하고 논술형 시험을 치르다 보니 무슨 비법이 없나 하고 요청하는 것 같습니다.

또한 논술형의 대표 시험인 기술사를 준비하는 주변 선후배분들께도 알려주었고, 좋은 결과로 이어가는 분들께서 감사의 인사와 함께 이 좋은 방법을 책으로 출판하여 많은 사람들이 경험할 수 있도록 해보라는 권유로 침팬지 공부법을 집필하게 되었습니다.

인간이 태어나면서부터 공부를 할 수밖에 없는 존재라면 침팬지 공부법에서 제시하는 공부법을 터득하여 공부를 스트레스로 받아들이지 않고 즐겁게 효율적으로 하면서 원하는 목표를 성취하기 바랍니다.

공부에 대하여 안타까운 현실은 태어나면서부터 19년 동안을 자신이 좋아하지도 원하지도 않는 지식정보까지 모두 배우고 있다는 점입니다.

인생에서 가장 좋은 시기인 10대 시절에 학교에서 쏟아지는 지식정보를 받아들이기에 급급하여 스트레스 받고, 놀지도 못하고, 자신이 좋아하는 것에 투자할 시간 여유조차 없는 요즘 학생들을 보면 정말 안타까울 뿐입니다.

침팬지 공부법을 터득하여 부디 자신이 좋아하는 것에 시간을 더 투자하면서 즐거운 학생 시절을 보냈으면 하는 바람입니다.

시험은 목적과 종류에 따라 크게 세 가지 유형이 존재합니다.

선다형(초, 중, 고, 기타)과 선다형+서술형(자격증)과 논술형(리포트, 고시, 기술사)으로 분류할 수 있습니다. 침팬지 공부법에서는 선다형과 서술형으로 대별하여 제시하였습니다.

선다형은 여러분이 초·중·고 시절에 그림 그리기 대회에 나가서 그렸던 그림을 지금도 생생하게 기억하는 원리이며, 논술형은 선다형을 기초로 하고 여러분 자신이 논제 출제자이고 스스로 가르치는 교수가 되어 강의하는 원리입니다.

침팬지 공부법에서 제시하는 공부법을 터득하여 여러분의 삶을 여러분 자신이 주도적으로 이끌어 나아갈 수 있는 계기가 되기를 기원합니다.

저 자 **양 희 성**

목 차

Contents

PART III 논술형 공부는 이렇게 해볼래요?

Contents

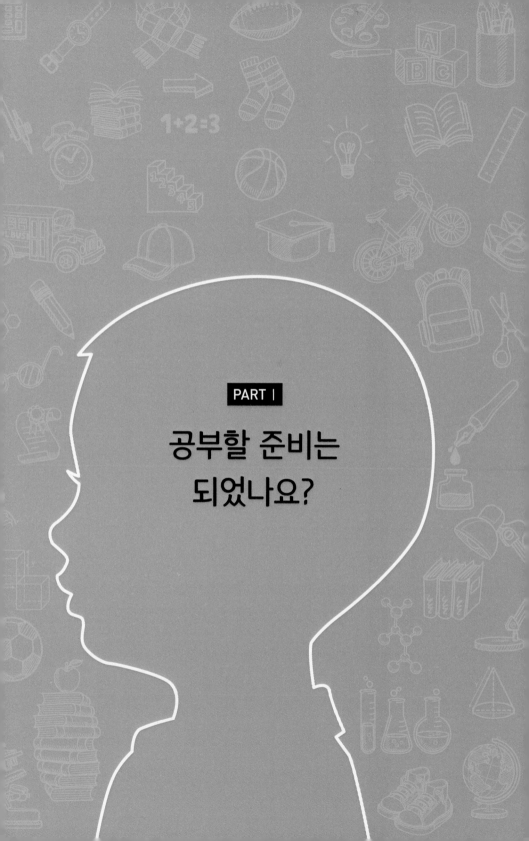

PART I

공부할 준비는
되었나요?

Ⅰ 책의 구성과 공부 종류는?

1.1 책의 구성

책의 구성 패턴을 소나무와 비교하면 나무 이름(과목명), 큰 줄기(대단원), 작은 줄기(중단원), 작은 가지(소단원), 솔잎(세부내용)이 됩니다.

'침팬지 공부법'은 책을 주체로 하는 공부 방법을 제시합니다. 예체능(음악, 미술, 체육, 기능 등) 과목의 이론분야에서도 부분적으로 해당되는 공부법입니다. 물론 '반복(연습) 학습'이라는 큰 틀에서는 예체능도 모두 같은 맥락입니다.

'침팬지 공부법'에서 제시하는 반복 학습의 반복 주체는 기본서나 문제집 등이 아니고 설렁설렁 책을 넘기고 정리하는 과정에서 자연스럽게 반복되어 확실하게 기억되는 방법으로 여러분의 뇌에 확실하게 기억됩니다.

먼저 기본서 즉 지식정보를 전달하는 책의 구성 원리를 알아보겠습니다.

현재 보고 있는 기본서를 살펴보기 바랍니다. 그리고 책을 쓴 사람은 왜 이렇게 구성하고 작성하였을까를 상상해 보기 바랍니다.

책의 구성은 전달하고자 하는 내용에 따라 약간씩 달리하게 되고 책의 규격과 종류도 다양하게 존재합니다. 문학 서적이나 기타 잡지가 아닌 지식정보를 전달하는 책의 유형은 대부분 동일한 구성패턴을 가지고 있습니다.

이러한 패턴은 인류가 글을 발명하면서부터 수천 년에 걸쳐 발전되어 전해져 온 지식정보 전달 방법입니다. 전달하고자 하는 분야(과목)에 따라 약간 달리하겠지만 대부분 다음과 같이 구성됩니다.

모든 책은 제목(과목명)이 존재합니다. 그리고 대단원. 중단원, 소단원으로 구분되어 3~7개의 대단원 속에 다시 2~5개의 중단원, 3~5개의 소단원이 존재합니다. 그리고 세부 내용에서는 여러 문장들이 모여 문단 형태로 설명하는 것이 책의 구성에 있어 보편적인 방법입니다.

책의 구성 패턴은 소나무의 모양과 아주 비슷합니다.

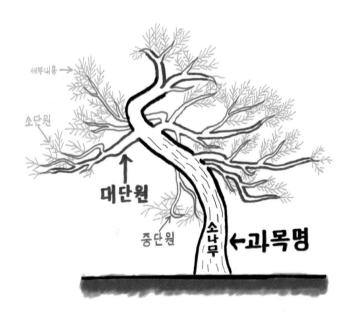

책의 구성에서 목차는 가장 중요한 요소입니다. 목차는 전달하고자 하는 지식의 핵심단어로 구성되어 있습니다.

여러분 가운데 혹시 시험을 보면서 '이 문제는 어느 대단원에 어떤 중목차 중 소목차의 어느 문단에 나와 있는 내용이다'라고 알고 문제를 푼 분이 있다면, 분명 그분은 상위권입니다.

책은 과목명–대단원–중단원–소단원으로 연관성을 갖고 내용을 분류하고 세부내용을 설명하고 있습니다. 또 각 분류는 3~7 정도의 하부 단계로 분류하여 구성되어 있습니다.

정리하면 지식정보를 전달하는 책의 대부분은 아래 그림과 같은 구조로 구성되어 있습니다.

책의 구성이 이렇게 된 이유는 지식을 전달하는 가장 적정한 방법 (현재까지는)이기 때문입니다.

아울러 책을 쓰는 사람의 입장에서도 체계적이고 논리적으로 전개시키면서 설명할 수 있는 효과적인 방법이기 때문입니다.

'침팬지 공부법'을 따라하다 보면 자기 자신이 책을 쓴 저자이자 배우는 학생 입장이 되어 볼 수 있습니다.

책의 분류체계를 기본으로 하여 수험자 입장에서 자신이 스스로 내용을 분류하고 정리하다 보면 책 한 권이 저절로 만들어지기 때문입니다.

여러분이 저자라고 생각해 보기 바랍니다. 책을 쓰려는 사람은 처음 제목을 생각하고 그 제목과 관련한 지식요소를 모두 종합하고 범위를 결정하고 그것을 설명하기 위한 가장 적정한 방법으로 구분하고 순차적으로 분류하여 내용의 키워드까지 선정한 후에 책을 씁니다. 여러분이 작성하게 되는 자신의 책 한 권 역시, 기본서를 중심으로 스스로 고민하면서 작성하게 되므로 제시된 트리 이미지 형태로 책 한 권이 머릿속에 기억됩니다.

책을 쓴 사람은 어떤 생각으로 저술하였고, 시험 문제 출제자는 어떤 목적과 생각으로 기본서를 기초하여 출제할 것인지를 유의하며 어떻게 공부하여 나의 지식으로 만들까를 곰곰이 생각해보면 책의 구성을 이해하는 데 많은 도움이 됩니다.

1.2 평가방법 및 종류

> 시험의 종류는 선다형, 단답형, 서술형, 논술형이 존재합니다. '침팬지 공부법'에서는 선다형과 논술형으로 구분하여 공부 방법을 제시하였습니다.

공부의 결과를 평가하는 것이 시험입니다.

시험이라는 단어 개념이 성립하기 위해서는 응시자의 다수가 동일한 시간에 동일한 문제를 해결한다는 상황이 전제되어야 합니다.

대학교의 리포트, 면접시험 등은 동시성을 갖고 있지 않으므로 여기서 설명하는 시험의 조건에는 충족되지 않습니다.

시험의 목적을 정량적으로 말하자면 우열을 가리는 것입니다. 즉 성적순으로 사람을 평가하는 방법입니다.

사람을 평가하는 데 있어 정성적으로 즉 미모, 나이, 키순서 등으로 할 수는 없는 일입니다. 사람을 평가할 수밖에 없는 이유는 사회질서를 유지할 수 있는 적정방안이고, 분명 공부를 잘하고 많이 한 사람일수록 공부를 못하고 적게 한 사람보다 더 역량이 크고 활용성이 좋기 때문입니다.

여러분도 자신에게 필요한 적정인물을 선발한다면 일차적으로 활용성이 좋은 사람을 선택할 것입니다. 물론 이러한 방법이 보편적인 것이지 반드시 옳다는 것은 아닙니다. 정성적 요소인 개인의 잠재역량, 특별한 분야의 능력 보유, 개인 특성 등을 성적순으로 결정지을 수는 없는 일입니다.

결국 경쟁시험은 대부분 성적순에 의한 기준을 제시하기 위한 방법입니다.

이러한 시험 형태에서 평가 방식에 따라 절대평가(일정 점수 도달 시 모두 합격)와 상대평가(성적 순서에 의한 합격)가 있고, 이를 혼합하여 다양한 상대평가 방법의 합격 기준을 제시하고 상대평가로 합격자를 선정하는 대표적인 것이 가장 복잡한 대학입학 시험입니다.

이러한 평가방식의 시험에는 선다형, 단답형, 서술형, 논술형이 존재합니다.

보편적인 시험의 경우는 목적에 따라 선다형으로 대부분 시행되나 자격증과 같이 과정인지 여부를 확인할 필요가 있을 경우 단답형, 서술형이 추가되기도 합니다.

시험 중 최고의 시험이라 할 수 있는 논술형 시험은 정답이 선다형과 같이 명확하지 않은 시험입니다. 내 생각은 맞다고 논술하여도 채점관이 보편적 논리에 맞지 않다고 생각하면 탈락하게 됩니다.

이렇게 시험의 유형은 크게 선다형, 단답형, 논술형 세 가지로 분류됩니다.

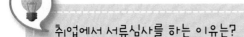

취업에서 서류심사를 하는 이유는?

취업시험의 경우에는 서류심사를 먼저 하는 경우가 있는데, 이유는 최근 너무 많은 사람이 응시하게 되어 비용(시험장 임대, 시험지, 감독인건비 등등)이 많이 들기 때문에 대부분 응시자격보유 여부나 영어를 기준하여 1차 선별합니다. 영어시험의 경우는 정형화된 평가 방법으로 구성된 시험 종류가 많이 존재하여 객관화할 수 있고, 시대적으로 요구되는 능력분야이기 때문에 선별 기준으로 활용되곤 합니다.

지금까지 여러 시험의 종류에 따라 평가방법도 달리하게 된다는 점을 설명하였는데 '침팬지 공부법'에서는 크게 선다형과 논술형으로 구분하여 공부 방법을 제시할 것입니다.

2 공부! 어떻게 하세요?

2.1 이미 공부 중

> 우리는 이미 태어나는 순간부터 본인의 의지와 상관없이 계속 공부하
> 고 있습니다. 공부를 굳이 싫다고 밀어낼 필요는 없습니다.

'공부! 꼭 해야 하나?'라는 의문이 들었다면 그에 대한 답은 '아니'일
수도 있습니다. 공부를 안 해도 이 사회의 구성원으로 살아가는데 아
무런 문제가 없습니다. 지금 공부하기 싫으면 하지 않아도 됩니다. 그
러나 여러분은 태어난 순간부터 본인의 의지와 상관없이 계속 공부하
고 있습니다.

단지, 여러분이 공부가 하기 싫은 이유는 자신이 알고 싶지 않은 부
분까지 강제로 배우고 있다고 생각하기 때문입니다.

사람들은 자신이 좋아하고 관심 있는 분야의 것들은 검색하고 확
인하고 경험하고자 합니다. 이런 행동도 공부의 일부이나, 여러분은
자신이 찾아 배우는 것들은 공부라 여기지 않습니다. 이유는 공부를
받아들이는 마음의 태도가 다르기 때문입니다.

생각해보면 오늘 여러분의 하루일과만 봐도 눈을 뜨고 저녁에 잠들
기 전까지 자신의 뜻과는 상관없이, 다양한 정보매체를 통해 계속 정

보를 제공받고 그것을 기억하게 됩니다. 또한 친구, 동료와 이야기하는 도중에도 다양한 내용들의 정보를 받아들이게 됩니다.

공부는 계속 하고 있습니다. 다만 자신의 관심 유무에 따라서 무의식적으로 그 정보를 선별하여 받아들이고서는 그것을 '좋아한다', '싫어한다', '적성에 안 맞다'라고 표현하는 것뿐입니다.

즉 공부를 자신의 기준으로 어떻게 분류하느냐에 따라하기 싫은 공부가 되기도 하고, 자연스럽게 알게 되거나 스스로 찾아 하는 공부가 되기도 합니다.

여러분은 공부에 대한 깊은 고민을 한 후에 공부를 내 인생에서 어떻게 수용할 것인지를 정의합니다. 굳이 자신의 수용태도를 '나는 공부를 싫어한다'라고 생각할 이유가 없습니다.

어떠한 일도 배우는 것(공부) 없이는 아무것도 할 수 없습니다.

심지어 육체노동만을 요구하는 일에서조차도 공부는 항상 이루어지고 있습니다. 어떤 중요한 일의 감독자는 이미 책과 경험을 통해 공부한 내용의 일부를, 공부가 아니라 정의한 노동자에게 말로서 가르치고 있는 것뿐입니다. 다만 육체노동자는 책을 보는 것이 공부이고 이 공부가 싫어서 하지 않았기 때문에 열심히 공부한 감독자로부터 글자가 아닌 말로 지시를 받아 몸으로 일하는 사람이 된 것입니다.

공부는 태어나서 죽을 때까지 삶의 일부입니다. 의식주 기본욕구가 해결되었다고 편하게 살 수 없는 곳이 인간세계입니다.

공부가 본인의 의지와 상관없이 삶의 일부로 존재하는 것이라면 굳이 싫다고 밀어낼 필요는 없습니다. 인간은 사회적 동물이고 학습의 동물임은 모두 알고 있습니다. 학습은 태어나서부터 눈으로, 소리로,

몸으로 글과 언어라는 수단으로 평생 동안 직간접적으로 이루어지고 있습니다.

대부분의 사람들은 자신의 꿈 이야기는 잘 합니다. 그 꿈을 이루기 위한 계획에는 가장 먼저 공부의 과정이 반드시 존재하기 마련이므로 꿈은 이루고 싶은데 공부는 하고 싶지 않다는 논리는 모순입니다. 차라리 꿈이 없다고 하는 것이 맞습니다.

꿈을 이루는 과정의 훌륭한 파트너인 공부가 '싫어한다' 혹은 '좋아한다'라는 주관적인 생각에 따라 '강제로 학습당하는 공부'가 되기도 하고, '자신이 선택한 공부'가 되기도 하는 것입니다.

그러므로 이제부턴 '공부는 내 삶의 일부이고 내 꿈을 이루기 위해 나의 선택으로 내가 하는 것'이라 정의하려 합니다.

2.2 자신이 선택한 공부만이 진정한 공부

> 우리는 대한민국에서 태어났고 훌륭한 부모님을 두었기 때문에 공부를 할 수 있는 것입니다. 그런데 아쉽게도 어린 시절에는 부모님들의 공부하라는 것에 대하여 마치 자신이 공부를 거부할 수 있는 선택 권리인 마냥 착각하기도 합니다.

저자가 살아온 인생을 잠깐 언급하고자 합니다. 어린 시절 70년대에는 가정환경이 어려워 초등학교만 졸업하고 사회로 나간 친구들이 많이 있었습니다. 저자는 다행히 부모님 덕분에 고등학교까지 마쳤습니다. 정규대학의 당시 등록금은 시골 농업의 생계로는 감당하기 어려운 비용이었고, 이 상황을 잘 알고 있는 저자는 스스로 대학을 포기하고 사회로 진출하였습니다.

군 복무를 마치고 생계가 절박하였기에 철도분야가 무엇인지, 내 적성이 무엇인지도 모르고 공기업 노동자 자격으로 취업하였습니다.

당시 응시 자격은 대졸자는 7급, 고졸자는 9급 격으로 입사했으니 시작부터가 달랐고, 20년이 지난 지금에도 저자가 박사수료 기술사가 되었지만 입사 당시의 대졸자, 고졸자의 차별은 그대로 남아있습니다.

생계를 위해 급한 마음으로 선택한 철도분야였기에 철도기술에는 관심도 없었고 막연하게 법에 호기심이 생겨 30대에 직장을 다니면서 방송대 법학 공부를 하였습니다. 철도분야 공부는 회사에서 자격증 수당을 준다는 이유 하나로 무작정 외워 취득하는 것이 전부였습니다.

온전한 자신의 선택에 의한 공부는 42살 때가 처음이었습니다. 배우자와 자식을 책임져야 하는 가장의 상황과 직장에서는 새롭게 무언가를 찾아 할 수 있는 기회는 점점 줄어들었고 남은 삶에 대한 고민을 깊게 하게 되었습니다.

'나는 누구인가?'부터 시작하여 새로운 꿈을 정립하기까지 6개월이 걸렸습니다. 깨우침의 문장은 다음과 같습니다.

'나는 지금 코스모스 씨앗인데도 처한 현실은 연꽃이 성장하기 적합한 물속에 빠져 있다면 나는 두 가지 중 한 가지를 선택해야 한다. 한 가지 방법은 지금 처해 있는 물속에서 온 힘을 다하여 물 밖으로 뛰쳐나가 코스모스를 피우던지, 아니면 지금 물속에서 코스모스 씨앗인 나를 더 썩어가기 전에 연꽃의 씨앗으로 변화해야 한다. 그런데 지금까지 나는 왜 물 밖으로 나가는 도전도 하지 않았고, 연꽃의 씨앗으로 변화하려는 행동도 하지 않았는가?'였습니다.

그리고 행동하였습니다. 코스모스 씨앗의 환경으로 뛰쳐나가기에는 이미 늦었다는 판단으로 나를 연꽃 씨앗으로 바꾸기 시작하였습니다.

문과 계열 공부는 내가 좋아서 했지만 회사에서 필요로 하는 기술 분야에서는 적용성이 떨어졌기에 이공계 대학원에 입학하여 철도분야를 새롭게 공부하기 시작했습니다. 이후 8년 동안 나를 변화시키기 위해 철도분야의 석사, 박사수료를 마쳤고, 아울러 논술의 최고 시험이라 할 수 있는 기술사까지 합격하였습니다.

여러분께 묻고 싶습니다.

지금 하는 공부는 본인이 선택한 공부입니까? 본인이 선택한 공부라면 축복받은 일입니다.

여러분이 청소년인 초·중·고등학생이라면 공부를 스스로 선택하지 않았을 것입니다. 그저 학생이니까 할 뿐입니다. 하지만, 현실적으로 말하면 대한민국에서 태어났고 훌륭한 부모님을 두었기 때문에 공부를 할 수 있는 것입니다.

지금 세계 각국 청소년들은 다양한 상황에 직면해 있습니다. 어떤 나라의 어린 청소년은 총을 들어야 하고, 구걸해야 하고, 생계를 위하여 노예처럼 노동을 착취당하고, 죽지 않기 위해 하루 8시간을 투자해서 물을 운반하는 일을 하고 있습니다.

이들에게 공부는 꿈같은 일입니다.

왜 그래야 할까요? 그 이유는 두 가지입니다.

한 가지는 '어떤 국가에서 태어났느냐'이고, 또 한 가지는 '어떤 부모

사이에서 태어났느냐입니다. 최빈민국이라 해도 부모의 능력에 따라 교육받으면서 엘리트의 길을 걸어가는 사람이 있는가 하면 굶어 죽어 가는 사람도 있기 때문입니다.

지금의 우리나라 공부환경은 위대한 선조 및 부모님들 덕분에 가능한 것이고, 바로 이 대한민국 땅에 태어난 우리는 축복받은 것입니다. 영리하고 똑똑하고, 훌륭한 한민족 부모님 사이에서 태어난 운명은 더더욱 감사할 일입니다.

저자의 어린 시절에는 초등학교까지가 의무교육이었고, 그 이전 어른분들은 의무교육 자체가 없었기에 부모의 역량에 따라 교육기회가 달랐습니다. 그러나 현재 우리 국민은 중학교까지 의무교육입니다.

중학교 과정까지 아무리 공부 안 하고 놀기만 했어도 한글은 알고 사칙연산까지는 할 수 있습니다. 이 두 가지만 갖추어도 사회생활 하는 데 별 영향 없습니다.

혹시 여러분 중에 배우는 것이 싫어 중학교만 졸업하고서 자신이 좋아하는 것을 추구하면서 살아가겠다고 한다면, 부모님조차도 강요하지는 못합니다. 그리고 강요할 필요도 없는 일입니다. 자신의 인생은 자신이 주도적으로 선택하면서 살아갈 권리가 있기 때문입니다.

그런데 아쉽게도 어린 시절에는 부모님들이 공부하라는 것에 대하여 마치 자신이 공부를 거부할 수 있는 선택의 권리가 있는 것 마냥 착각하기도 합니다.

저자는 자식이 두 명 있는데, 지금까지는 공부하라고 말하지 않았습니다. 공부하는 것이 자식 자신들의 선택사항이지 부모의 필요사항은 아니기 때문입니다. 대부분의 부모님들이 욕심, 소망, 기대가 지나처 잘못된 사랑의 표현으로 '공부해라! 공부해라!' 합니다. 저자의 생각에 그것은 부모님들의 지나친 보호와 관심이며 과거 부모님의 아쉬운 인생을 자식을 통해 투영하려는 욕심이라고 봅니다.

부모는 자식의 거울이기에 올바르게 열심히 사는 것이 의무이고, 자식에 대해서는 자식이 필요로 할 때만 조언자, 조력자 역할이면 되는 것이고, 자식의 인생은 자식의 선택 몫이라고 생각합니다.

여러분 모두 자신 스스로가 선택한 되고 싶은 것, 하고 싶은 것, 갖고 싶은 것이 있습니다. 이것을 한 글자로 표현하자면 '꿈'입니다.

불행하게도 지금 되고 싶은 것, 하고 싶은 것, 갖고 싶은 것이 만약 빨리 성인이 되고 싶은 것이라면 중학교만 졸업하고 사회 일선에 뛰어들어 자신의 뜻대로 살아 보기 바랍니다. 두 가지 중 한 사람이 됩니다.

첫째는 철없이 어른 흉내를 내다가 별 볼 일 없는 사람으로 전락한 것을 한참 후에야 깨닫지만 만회할 기회조차 없는 사람이고, 둘째는 아주 작은 확률을 가지고 버거운 삶을 살며 뒤늦게라도 꿈을 이루려 최선을 다하는 사람입니다.

어른들이 공부는 때가 있는 법이라고 말씀하시는 의미를 다행히 뒤늦게라도 알고 후회하게 된다면, 학창시절에 군이 어른이 일찍 되려고 어른 흉내 냈던 시절을 너무도 아쉬워하게 됩니다.

학생學生 시절은 한자 뜻 그대로 배우며 살아가는 시절입니다.

정답은 공부입니다.

3 공부할 자격은 갖추었나요?

3.1 올바른 도덕심

> 공부할 자격의 가장 중요 요건은 '도덕심' 입니다. 남에게 피해주는
> 공부는 내면의 악마를 키우는 것과 같습니다.

'공부에도 자격이 필요한가?'라는 의문을 가질 수 있습니다. 공부할
자격은 반드시 필요합니다. 자격 없는 사람이 공부를 하게 되면 사회
적으로 많은 문제를 일으켜 다른 사람들에게 피해를 주는 경우가 많
습니다.

공부에도 자격이 필요하다는 것을 두 가지 경우로 설명하겠습니다.

한 가지 예는 완전범죄를 꿈꾸는 범죄자로 들겠습니다. 흔히 말해
머리도 똑똑하여 학습능력이 탁월한데 초등학교만 졸업하고 힘든 사
회생활만 하다가 자신의 꿈을 이룰 수 있는 시기는 모두 지나갔고,
뒤늦게 다른 꿈을 찾기 위해 방황하다가 사회 부적응자로 전락하여
자신의 목표를 완전범죄자로 결정했다면 이런 사람은 무슨 공부를 하
겠습니까? 많은 영화로도 비화되어 충분히 상상할 수 있습니다.

두 번째 사례로는 금융 사기범을 예로 들겠습니다. 대부분의 사람
들은 금융구조를 잘 모릅니다. 분식회계라는 용어조차도 생소합니다.

어떻게 하면 세금을 안 내거나 덜 내는 방법도 모르고 더 징수해도 모르는 것이 일반적인 사람입니다. 그러나 금융구조에 대해서 해박한 지식을 가지고 사람들의 심리를 교묘히 현혹시켜서 금융사기를 저지르거나 납세의 의무를 회피하는 탈세로 하여 국고를 갉아먹고 자신의 이익만을 추구한 사람들은 무슨 공부를 했을까요?

분명 공부는 맞지만 지식 활용의 목적이 잘못되었습니다.

이런 부류의 사람들은 공부할 자격조차 없는 사람입니다. 공부할 자격의 가장 중요한 요건은 '도덕심'입니다. 공부의 목적이 자신이 하고 싶은 것, 갖고 싶은 것, 꿈과 관련하여 도덕심이 결핍된 상태의 그 무엇이라면, 하지 않는 것이 당연합니다. 남에게 피해주는 공부는 악을 키우는 것과 같습니다. 자신의 삶의 방향, 꿈을 설정하기 전에 마음을 먹어야 합니다. '나는 평생 올바르게 살겠다'는 도덕심이 가장 우선입니다.

3.2 삶의 정의와 꿈

자신의 수첩 첫 쪽에 자신의 삶을 정의하는 사명서를 작성해보세요. 인생이 달라지기 시작할 것입니다.

올바른 도덕심을 대명제로 결론을 내렸고, 이번에는 자신의 삶에 대한 정의를 명확하게 설정하여 공부할 자격을 갖추어야 합니다.

자신의 삶을 어떻게 정의하겠습니까?

그냥 도덕적으로 올바르게 살아가기만 하여도 훌륭한 인생입니다. 어찌 보면 내면의 평안함으로 자신이 추구한 행복일 수도 있습니다.

자신의 삶을 정의하지 않고 그냥 살다 보면 자신의 뜻과는 다르게 살아갈 가능성이 높습니다. 그렇다고 자신이 스스로 자신의 삶을 정의하지 않고 부모의 뜻을 따라, 친구 따라, 환경따라 흘러가면서 살아가게되면 잘못은 아니지만 자신이 선택한것이 아니기에 주관없이 인생을 살게 될 수 있습니다.

그리고 한참 뒤 자신의 인생을 뒤돌아보면 '이게 내 인생이었던가?' 하는 후회를 하게 되고 이제 새로운 인생을 찾으려 해도 이미 좋은 세월은 모두 지나가 버린 뒤가 됩니다.

저자도 경험했습니다. 아무런 계획도 없이 가족경제 유지에 급급하여 돈에 목적을 두고 살았고, 여러 삶의 경험을 통해 돈이 인생의 목표가 결코 될 수 없음을 뒤늦게 깨우치고서야 42살부터 내 인생을 어떻게 살겠다고 정의하고 작은 꿈을 세우고 살아가고 있습니다.

저자는 작은 지갑 수첩이 있습니다. 여기에 기록되어 있는 삶에 대한 정의 항목에는 '그 무엇이든 인류에 봉사하고 기여하는 삶을 살겠다'는 내용이 적혀 있습니다. '침팬지 공부법'을 집필하는 이유도 저자가 발견하고 경험한 공부법을 다른 사람들도 알게 되어 단 몇 사람이라도 실천하여 자신의 꿈을 이루는 성과를 얻을 수만 있다면 의미 있는 봉사가 될 거라는 생각에서였습니다.

자신의 수첩 첫 쪽에 자신의 삶을 정의하는 사명서를 작성하세요.

저자의 작은 지갑 수첩에는 사명서, 꿈, 꿈을 이루기 위한 과제, 그

과제를 실현하기 위한 10년 계획, 그리고 금년 목표, 월별 목표가 기록되어 있습니다. 저자의 사명서를 예로 공개하겠습니다.

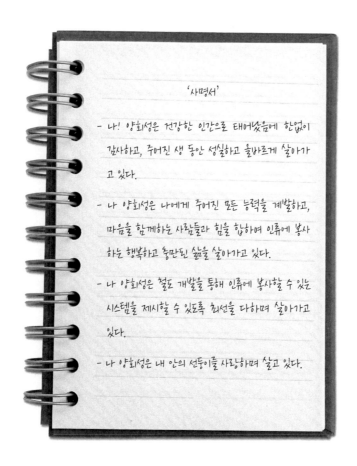

작성은 미래형이 아닌 현재형으로 합니다. 이유는 매일 또는 수시로 읽는 순간은 현재이기 때문입니다.

문구는 자신의 마음을 담아 어떤 형태이든 자신이 직접 완성하도록 합니다. 그 완성까지는 상당한 고민이 필요합니다. 남이 써놓은 것은 남의 것입니다. 자신의 인생 사명을 정의하는 데까지 남의 생각을 따라갈 필요는 없습니다.

크게 네 항목으로 작성하되 첫 번째는 올바르게 살겠다는 약속과 감사의 마음을 기록하고, 두 번째는 어떻게 살아가겠다는 방향을 제시하고, 세 번째는 무엇으로 어떻게 하겠다는 큰 계획을 기술하고, 네 번째는 자신이 살아가면서 자신의 단점을 보완할 수 있는 긍정적인 마인드를 제시하여 항상 자기를 성찰할 수 있는 반성의 문구를 기록하도록 합니다.

그리고 모든 문구는 긍정적으로 쓰도록 합니다. '무엇을 하지 않겠다.' 이런 문구가 아닌 그 않겠다는 내용을 보완하기 위해 '무엇을 하고 있다.'의 형식이 되어야 합니다.

저자는 어떤 상황이 직면하면 천성적으로 부정적인 검토를 먼저 하려는 잘못된 습관을 고치고자 내 안의 좋은 마음(선둥이)을 이끌어 내고자 하는 마음으로 네 번째 항목의 내용을 적었습니다.

자신의 수첩 두 번째 쪽에는 자신의 꿈과 그 실천 계획을 작성하세요.

물론 올바른 도덕심과 자신의 삶을 정의한 내용이 직접 연관되어 세 번째로 구체화되는 것이 꿈입니다. 꿈을 세우기 전에 우선 올바른 도덕심과 삶의 정의가 없이는 잘못된 꿈이 될 수 있으니 주의해야 합니다.

자신이 진정 이루고 싶은 꿈을 설정하였다면 현재의 여건에 맞추어 그 실현 계획을 세우고 자신의 수첩에 기록합니다.

기록에 앞서 자신의 꿈을 계획하거나 갖고 있다면 다음 세 가지 방법으로 다시 한 번 점검해 보기 바랍니다.

지나간 시간은 되돌릴 수 없기에 꿈 설정은 아주 중요한 사항이기 때문입니다.

첫 번째, 계획을 세우고 나서는 그 꿈을 이룬 성공자들의 삶이 자신이 원하는 삶과 같은지를 우선 확인부터 하도록 합니다. 자신만의 생각으로 나는 무엇을 하겠다고 결심한 후 먼 훗날 이루었음에도 '이런 것인 줄은 몰랐다. 내가 왜 이걸 했던가'라는 한탄을 하는 실수를 범할 수 있습니다. 그러므로 자신이 갖는 꿈을 이룬 사람들의 일과 내면까지 깊게 알아보고 생각하여 마음으로 결정해야 합니다. 주의할 점은 결코 돈을 기준에 두지 말아달라는 것입니다.

두 번째, 그 성공자들이 어떤 과정의 노력을 했는지를 분석하여 따라할 계획을 수립하도록 합니다. 자신이 바라는 성공 목표가 운전하는 것이라면 운전면허증만 가볍게 취득하면 됩니다. 그러나 더 높은 이상이라면 그것을 이룬 세계의 훌륭한 사람을 멘토링하여 그가 어떻게 노력했고 어떤 시련들이 있었고, 어떻게 극복했는지까지 모두 분석해 봐야 합니다. 육군 장군이 되겠다면서 나는 총소리가 너무 커서 하기 싫다고 한다면 말이 안 되는 것과 같습니다. 그런데 보편적인 사람들 중 이루어가는 길 속에 고난은 피하고 성과만 얻으려는 사람들이 참 많이 존재합니다.

세 번째, 꿈을 이루기 위해서 나의 단점을 어떻게 보완할 것인지, 어떻게 노력할 것인지, 그 꿈을 이루면 무엇을 어떻게 할 것인지에 대한 내용을 작성합도록 합니다. 우선 성공자의 성공 과정대로 따라하여 성공한 이후에 자신만의 길을 개척하여 더 큰 꿈을 향해 도전하는 것입니다.

만약 자신의 꿈을 '나는 대통령이 되어서 우리나라를 세계에서 최고의 부강국가로 만들겠습니다.'라고 명시하였다면 '그 꿈을 이루기 위해선 어떻게 하겠다'까지 나와야 합니다.

　예를 들자면, '대통령이 되기 위해서 나는 OO대 정치외교학을 전공하고 부전공으로 경제학을 할 것이며, 석사·박사는 OO대에서 정치경제학을 전공할 것이다. OO 때에 공부한 지식을 바탕으로 우리나라 현상을 분석하고 대책을 수립하여 '경제 대국이 되기 위해서는 이렇게 하는 것이다'라는 책을 발간하고 대학교수로서 젊은이를 가르치겠다. OO 때에 대학교수로 생활하면서 뜻을 같이할 수 있는 정당과 인물들과 지속적인 교류로 자신이 생각하는 그 무엇을 실현 가능 대안으로 제시할 것이다. 그리고 정치에 입문하여 정당 활동을 통해 나의 꿈을 실현해 나아갈 것이다. 그렇게 하기 위해서 지금부터 나는 지금의 나를 어떻게 개발하고 공부를 어떻게 하겠다.'는 식으로 구체적으로 서술하면 됩니다.

　작성된 꿈은 매년 초에 행동 계획을 재정립해줘야 합니다.

　자신의 여건이나 환경이 바뀌기 때문에 실행하는 과정 속에서 부분적인 수정이 필요합니다. 젊을수록 꿈의 방향이나 실현하는 계획이 자주 변경되기 마련입니다. 그만큼 기회가 많다는 뜻도 됩니다. 나이들어 늙어가면 아마도 건강관리만 남지 않을까 생각됩니다.

　만약 근본적인 꿈이 바뀐다 해도 지난 과거는 실패가 아니라 경험으로 남습니다. 다만 그 경험이 많아지면 다양한 인생을 경험하는 긍정적인 면이 있으나 계속 반복되면 시간은 흘러가고 꿈을 이룰 수 있는 기회는 점점 낮아지게 됩니다.

꿈을 이루는 기초베이스는 건강입니다.

　육체적 건강, 정신적 건강 없는 꿈은 허공에 외치는 메아리입니다. 육체적 건강은 정신적 건강과 다릅니다. 현대의학은 계속 발전하고 있고 모두 점점 좋아질 것입니다. 문제는 정신적으로 건강하지 못하면 차라리 꿈을 갖지 않는 것이 오히려 다행일 수 있습니다.

3.3 공부는 성공의 기초 도구

　올바른 도덕심, 삶의 정의, 꿈을 결정하였다면 그다음은 행동이고 첫 번째 하는 것은 공부가 될 것입니다.

　올바른 도덕심, 삶의 정의, 꿈을 결정하였다면 그다음 하는 것은 꿈을 이루기 위한 행동이고 행동의 의미는 예체능 개념으로는 연습, 즉 반복이며, 그것이 일반의 개념으로 넘어오면 당연히 '먼저 공부한다'가 됩니다.

　그런데 그 꿈의 크기에 따라 공부할 범위와 깊이가 각각 다르고, 꿈을 이루어 가는 과정에서 작은 꿈일 경우는 한 번에 이룰 수도 있지만, 대부분의 꿈은 과거 작은 성공들이 모여 함께 작용하고 시너지와 함께 꿈을 성취하는 결과로 이어지게 됩니다.

　즉 작은 성공들의 증거자료로 여러 가지 형태가 존재하는데, 대한민국 국민임을 증명하는 주민등록증 외에는 그 어느 것도 그냥 주어지는 것은 없습니다. 학력, 운전면허증, 사원증, 자격증, 사업자등록증 등 모두가 작은 성공을 증명하는 증빙자료가 될 것입니다.

이러한 증빙자료를 갖추기 위한 도구가 공부라는 점을 동의할 것입니다. 이러한 성과물들은 자신의 삶을 주도적으로 살아가고 있다는 증거로서 이를 확보하고 수준을 올리기 위해서는 당연히 공부가 요구됩니다.

자신의 이력서에 내가 태어난 것을 증명하는 주민등록증 한 가지만 있고 아무런 족적이 없다면 어떻게 살아가게 될 것인지를 상상해보기 바랍니다.

분명 공부는 무엇을 하고자 하든 그 첫 단계에 있음은 명백한 사실입니다. 그런데 공부의 끝은 어디일까요? 그것은 공부를 통해 원하는 것을 이루고 그 분야에서 깨우침을 얻을 때까지일 것입니다.

즉 공부는 성공의 기초 도구이지만 공부의 진정한 힘은 몰입에 의한 깨우침을 통해 해당 분야에서 성공하는 데에 있습니다.

단순한 지식함양으로는 성공자가 아닌 그 성공자들의 생각을 수행하는 사람이 될 것입니다.

여러분은 어떤 것에 대해 생각을 깊게 하던 중이거나, 고민을 해결하기 위해 밤을 새우던 중 어느 순간에 갑자기 해결방안이 떠오르거나 또 다른 방법이 구상되는 경험이 있었을 겁니다.

이런 경험을 해보았다면 몰입의 초기를 자신도 모르게 체험한 것입니다.

학생들의 경우 어려운 수학문제를 풀다가 해답을 보면서 풀이를 해봐도 이해가 안 되던 문제를 어느 순간에 다른 방법으로 풀어내는 방안을 찾았다면, 이런 경우도 몰입을 체험한 것입니다.

우리 인간의 뇌는 자신이 어떻게 사용하느냐에 따라 무한대로 발전할 수 있는 가능성을 갖고 있다고 합니다.

여러분이 지금 공부하고 있는 것은 과거, 즉 고대, 중세, 근대, 현대를 거치면서 세계 훌륭한 인물들이 정립한 이론들이거나, 발견했던 것이거나, 과거에 있었던 사실들을 정리한 것입니다. 또한 이러한 과거를 기초하여 사회에서 요구하는 전문지식들입니다.

그런데 깨우침의 단계에 접근하기 위해서는 해당 분야에 대한 공부 몰입이 반드시 필요합니다. 몰입하여 깨우침의 경지를 체험한다면, 새로운 역사를 쓸 수 있는 사람이 되고 인류에 공헌할 수 있는 인물이 됩니다.

3.4 공부습관

> 뇌가 몸을 지배한다. 정신(각오)이 육체를 지배할 수 있다. 위급한 상황이 생기면 자신도 모르게 초인적인 힘이 발휘된다… 모두 맞을 수 있습니다. 하지만 공부는 습관이 안 되어 있으면 못합니다.

올바른 도덕심, 삶을 정의하는 사명서와 간절하게 원하는 꿈과 그것을 이룰 수 있는 계획을 작성하였고, 공부만이 성공을 이룰 수 있는 기초도구임을 인식하였다면, 마지막으로는 자신의 몸과 뇌를 훈련시켜야 합니다.

개인적인 특성에 따라 1시간 공부 10분 휴식, 2시간 공부 15분 휴식 등의 패턴이 있을 것입니다.

만약 몰입상태로 6시간을 계속했음에도 1시간 정도 공부한 느낌을 받았거나 이미 경험하고 있다면 몰입상태까지 공부습관이 된 사람으로 어떠한 시험공부도 할 수 있는 준비가 된 사람이라 할 수 있습니다.

하루의 공부량은 개인의 특성과 체력에 따라 다르나 건강한 사람이라면 13시간 이상도 몰입하여 공부할 수 있습니다. 물론 13시간 동안 계속하는 것이 아니고 쉬는 시간, 위생관리 시간, 식사시간, 이동시간, 수면시간을 모두 제외하고 순수한 공부시간을 말하는 것입니다. 평상시에는 8시간 이상을 공부합니다.

특히 유의할 사항은 하루 종일 공부한 시간이 없는 날이 생긴다면 다시 공부 습관으로 돌리는 데는 또 며칠이 걸릴지 모른다는 점입니다.

시험 보기 약 2주 전부터는 공부시간과 쉬는 시간, 과목까지 시험시간표와 동일하게 맞추어 뇌와 몸이 시험과 동일한 패턴이 되도록 자신을 습관화시켜야 합니다. 그래야 최고의 컨디션으로 최고의 역량을 발휘하여 시험을 치를 수 있습니다.

큰 시험은 한 달, 작은 시험은 몇 주 전부터는 체력의 한계까지 몰입시간을 늘려야 합니다.

공부 습관이 안 되어 있는 사람은 하루 공부량 8시간도 채우기 힘듭니다. 만약 공부를 시작하기로 마음먹고 오늘부터 당장 공부시간을 하루에 13시간을 갑작스럽게 한다면 아마 1달 이내에 쓰러질지 모릅니다. 하루 13시간 공부할 수 있으려면 최소한 3개월 전부터 공부

습관 들이기를 하여 점차적으로 공부시간을 늘려나가는 것이 바람직합니다.

뇌가 몸을 지배한다, 정신(각오)이 육체를 지배할 수 있다, 위급한 상황이 생기면 자신도 모르게 초인적인 힘이 발휘된다… 모두 맞을 수 있습니다. 하지만 공부는 안 됩니다. 공부는 육체의 건강이 먼저 보장된 상태에서 제대로 할 수 있습니다. 육체만 건강하고 뇌는 전혀 준비가 안 된 상태로 무리할 경우 뇌의 회로가 엉망진창으로 엉키게 될지도 모를 일입니다.

벼락치기식으로 공부가 가능한 것은 자격증 시험 같은 경우에는 가능할 수 있으나, 과목이 많고, 18년 동안 공부한 결과를 테스트하는 수능시험에는 통하지 않습니다. 중간, 기말 성적은 양호하나 수능은 망치는 경우의 사람들이 여기에 해당됩니다.

벼락공부 귀재?

주변분들 중에 일명 벼락공부의 달인들이 있지요? 그런데 시험이 끝나면 어떻습니까? 일시적입니다. 인간이 학습하는 방법은 지식정보가 들어온 후 이것들을 요소로 하여 검토, 비교, 분석, 논리, 추리 등으로 정리해가면서 이해하고 암기하는 과정입니다. 정리된 생각이 없이 한 일시적 암기는 장기기억에 한계가 있습니다.

공부의 습관은 시험 날짜에 맞추어 초기에는 먼 길을 준비하는 마라토너의 마음으로, 중기에는 5,000m 달리기 정도, 시험 1달 전에는

200m 달리기 정도 시험 당일은 100m 달리기 정도의 강도로 몰입하는 것이 적정합니다.

벼락공부는 쉬고 놀고 있다가 200m를 며칠 뛴 후 100m로 시험을 보는 것과 마찬가지입니다. 벼락공부는 한계가 뚜렷합니다. 초등학교 쪽지시험, 중고등학교 정기고사까지는 기본적인 지능과 요령으로 벼락치기를 성공적으로 해낼 수 있으나, 대학에 가고 정작 공부가 필요한 시험에서는 벼락치기가 통하지 않을 것입니다. 시험 범위가 넓어지고, 깊어지는 시험과 논술형 시험에서는 답안 작성 자체가 불가능해집니다.

논술형 답안지의 경우 평가자들이 답안지 첫 몇 줄과 구성목차만 보아도 쉽게 답안지 수준을 평가할 수 있습니다. 평가할 가치도 없다고 생각하면 아마 읽어보지도 않고 탈락점수를 매길 것입니다.

논술형 시험에서 정설처럼 언급되고 요구되는 최소 학습량 시간은 몰입 900시간입니다. 3개월 동안 하루 10시간씩 공부한다면 무리가 생길 수 있습니다. 그리고 기초 공부가 마무리된 상태에서 시험을 위한 몰입시간이 900시간이므로 자신의 공부 준비 상태에 따라 실제 필요한 노력도 다릅니다.

'침팬지 공부법'에서 제시하는 선다형 '눈으로 하세요'의 경우 책장만 넘기게 되는데 이는 뇌를 워밍업시키는 것입니다. 어떠한 공부든 워밍업이 필요한 법입니다.

공부의 습관이 갖춰진 사람이라면 아마도 이미 상위권을 유지하고 있거나 성인의 경우 원하는 시험에 합격하여 자유를 누리고 있을 것입니다.

4 자신을 사랑하고 믿나요?

4.1 긍정적인 마음

> 지금 하는 공부, 즉 시험 공부를 통해 합격 후 살아가게 될 즐거운 미래 인생을 항상 상상하기 바랍니다.

마인드 컨트롤에 관한 이야기는 많이 들었을 것입니다. 인생을 살아가는 내내 마인드 컨트롤은 성공의 길에서 중요한 요소입니다. 시중에도 좋은 도서들이 많이 판매되고 있어 마음만 먹으면 그 방법을 손쉽게 선택의 폭을 가지고 알아볼 수 있습니다.

'침팬지 공부법'에서는 긍정적인 생각으로 지금까지 자신의 수첩에 작성한 글을 말로 낭송하고 하루에 한 가지라도 행동하는 것이 다입니다.

먼저 긍정적인 마음입니다.

지금 하는 공부 즉 시험 공부를 통해 합격 후 살아가게 될 즐거운 미래 인생을 항상 상상하기 바랍니다. 물론 올바른 마음이어야 합니다.

복수하려는 마음, 피해의식을 보상받으려 하는 마음, 자신을 내세우기 위한 마음 등의 부정적인 생각으로 상상하게 되면, 자신의 꿈을 이루기도 전에 자신이 먼저 병들어 쓰러질 수 있습니다.

저자의 경우 주변에서 부정적인 마음으로 공부하고 합격한 사람들을 봐왔습니다. 이런 사람들을 보면서 '차라리 저 시험에 합격하지 말았더라면, 더 행복하게 살 수 있는 사람인데… 아는 게 병이다!'라는 측은지심마저 들었습니다.

인생은 죽을 때까지 살아봐야 알 수 있는 것 같습니다. 꿈을 이루는 과정의 시험에 합격하였다 하더라도 그 결과가 미래에 자신의 인생에서 어떤 방향으로 전개될지는 누구도 장담할 수 없는 일입니다. 그 리스크를 줄이려면 오직 자신이 올바른 인생관, 가치관을 갖고 초심을 잃지 않은 채 신념을 계속 지키나가야 합니다.

공부하는 내내 아니 인생 삶을 사는 동안 긍정적이고, 합리적이고, 배려의 겸손한 마음으로 살아간다면 충만된 인생을 살아갈 수 있습니다.

그러나 참 쉬울 것 같아도 어려운 일입니다. 사람은 근본적으로 이기적인 동물이기 때문입니다.

4.2 말과 행동

마음의 문구를 매일 아침 일어나면서부터 소리 내어 읽고, 긍정적인 행동 한 가지를 설정하고 매일 행동하여 습관화하면 모든 것은 이루어지기 시작할 것입니다.

생각은 생각으로 그치게 될 가능성이 높습니다. 생각이 생각으로 끝나지 않게 하는 방법은 마음으로 받아들이는 것입니다.

긍정적인 마음으로 자신의 목표를 설정하고 매일 말과 행동으로 실천한다면 반드시 성공으로 자신을 이끌어 줄 것입니다.

자신이 작성한 작은 수첩의 내용을 차분하게 아침마다 낭송할 수 있으면 좋겠지만 간단한 방법으로 행하는 두 가지 방안을 제시하겠습니다.

한 가지는 자신이 마음의 문구를 붙여두고 매일 아침 일어나면서부터 소리 내어 읽는 것입니다. 소리 내어 읽는 양은 10초 이내에 끝나는 정도의 분량으로 2~3줄이 적정하며 내용은 구체적으로 작성하는 것인데, 추상적으로 '나는 OOO가 된다'가 아니고 '나 OOO는 OOO에 OOO을 OOO하여 언제까지 OOO한다'는 식으로 목표와 방법과 기한을 정하는 것이어야 합니다.

또 한 가지 방법은 긍정적인 행동 한 가지를 설정하고 매일 행동하여 습관화하는 것입니다. 저자의 경우는 논술형 시험에 합격할 때까지 약 2개월 정도 시험장에서 사용될 펜을 잠들 때도 손에 쥐고 잤습니다. 처음 1주일 정도는 자는 도중에 펜을 떨어뜨려 펜과 손을 고무줄로 가볍게 묶어두고 잠자기를 1주일 정도 했더니 이후부터는 고무줄 없이도 신기하게 아침까지 그대로 쥐고 있는 것을 경험하였고, 시험당일까지 행하였습니다.

여러분도 자신이 쉽게 행동할 수 있는 것을 설정하고 행동 해보기 바랍니다. 예를 들자면 도서관에서 하루에 1시간 이상 무조건 앉아만 있다라도 오겠다라든지, 잠들기 전 10분간 명상을 한다든지, 아침일기(하루 반성일기가 아닌 하루 계획일기)를 메모지에 작성하는 등의 공부 목표와 관련된 행동의 습관을 만들어 가는 것이 좋은 방안이라 생각합니다.

마지막으로 '소리 내어 읽기'입니다.

자신의 마인드 컨트롤 수첩에는 사명서, 삶에 대한 정의, 꿈, 꿈을 이루기 위한 연도별 (10년) 목표, 그 목표를 실현하기 위한 연도별 세부 계획이 작성되어 있을 것입니다.

3분이면 모두 읽을 수 있는 분량으로 자신을 간절한 마음을 듬뿍 담아 긍정적으로 구체적으로 작성해 두고 수시로 소리 내어 읽어보기 바랍니다. 이루어질 것입니다.

생각과 말과 행동을 일치시킬 수 있는 분이라면 이미 인생의 성공자가 되었거나 성공 준비를 마친 거나 다름없습니다.

PART II

선다형 공부는
이렇게 해볼래요?

Ⅰ 선다형 공부원리

1.1 그림 그리기와 영상기억법

공부는 반복의 원리입니다. 지금까지 여러분이 알고 있는 지루한 방법의 반복이 아닙니다. 그림 그리는 것과 같이 설렁설렁 하면 됩니다.

선다형 시험은 초·중·고등학생이 대부분 응시하는 시험 유형으로 성인들은 자격증, 취업시험을 통해 접하게 됩니다. 문제 유형은 대부분 4지 선다형, 5지 선다형 형태입니다.

학생의 경우 여러 과목 중 개인적 특성에 따라 과목별로 성과는 모두 다르게 나타납니다. 자신이 잘 하는 과목은 자신의 적성과 맞아 그 과목이 즐겁거나 선생님을 좋아하거나 환경 속에서 쉽게 접하여 사전 학습되어 쉬웠기 때문입니다. 노력 대비 성과가 만족스럽지 못한 과목은 그 반대의 이유입니다.

하지만 적성이나 주변 환경문제를 극복하고 전 분야의 과목을 모두 잘하고 있다면, 그 이유는 공부량이 많고, 몰입에 의한 공부를 하고 있기 때문입니다.

그렇다고 선다형 시험공부는 깨우침까지를 요구하지 않습니다. 이미 수세기 동안의 역사 속에서 정립되어 있는 이론이나 사실을 두고 명제, 법칙, 검증된 이론을 배우는 과정입니다. 즉 'A는 A!'라고 공부하는 것이 선다형 시험입니다.

선다형에서 배우는 정립된 지식요소는 현재까지는 상식적인 요소들입니다.

이 상식들을 더 발전시키거나 오류를 검증해 새로운 원리를 전개하고 창조할 수 있는 선구자가 되려면 해당분야의 전문공부를 더 많이 하여 깨우침을 득하는 단계까지가 필요합니다.

선다형 공부원리를 설명하기 전에 지금 자신의 방에 있는 책 중에서 2번 읽은 책이 있다면 여러분 머릿속에 어떻게 기억되어 있습니까? 아마도 기억은 분명 차이를 가지고 존재할 것입니다.

공부원리 첫째가 반복인데, 이 방 안 가득한 책들을 몇 번이나 반복할 수 있는지 생각해보기 바랍니다. 아마도 한 번씩 보기에도 시간이 버거울 것입니다.

'침팬지 공부법'에서 제시되는 반복의 원리는 지금까지 여러분이 알고 있는 지루한 방법의 반복이 아닙니다.

놀듯이 편하게 그림을 그리는 생각으로 공부하는 것인데, '공부가 된다'라는 표현이 좀 더 적절합니다.

선다형 공부 방법을 그림 그리는 것과 비교하여 설명하겠습니다.

풍경화를 그릴 경우 그리기 전에 어떤 풍경을 그릴 것인지, 어떤 구도로 그리게 될 것인지부터 생각하고 결정되면 스케치를 시작하고 여러 번의 수정 끝에 스케치가 완성됩니다. 그리고 엷은 색부터 순서대로 칠하면서 보정을 통해 그림이 완성되며 자신의 머릿속에 오랫동안 기억될 것입니다.

그림그리기와 선다형 '침팬지 공부법'의 과정을 비교하자면 아래 표와 같습니다.

구분	그림그리기	침팬지 공부법
목표	수상	합격
유형	크레파스, 수체화, 유화	선다형, 논술형
구상	스케치	1단계(눈으로 하세요)
행동	색칠하기	2단계(손으로 하세요)
보완	덧칠(보정)	
평가	그림설명 및 출품	3단계(입으로 하세요)

그림을 그리고자 하면 백지 상태에서 완성될 그림을 수없이 상상하면서 스케치하고, 색칠하고, 보정하는 행동을 하게 될 것입니다. 이런 반복의 과정은 억지로 기억하려는 것이 아닌 자연스럽게 자신의 생각으로 생각하면서 한 행동의 결과로 자신의 뇌에 깊게 각인될 것이며, 오랜 시간이 흘러도 오래 기억되는 것입니다. '침팬지 공부법'도 같은 원리입니다.

'침팬지 공부법'에서 제시하는 '자신의 노트(그림)'를 작성하고 보완하는 과정에서 발생한 사연들, 즉 공부 도중 엎드려 자다가 침 흘린 자국, 낙서한 것, 커피 흘린 자국, 접었던 자국 등의 한 쪽 한 쪽이 생생하게 기억될 것입니다.

2단계의 손으로 과정을 따라하다 보면 '자신의 노트'에 여러 가지 색볼펜으로 보완이 이루어지기 때문에 그림에 색칠해 놓듯이 선명하게 기억될 것입니다. 시험장에서는 '자신의 노트'의 한 쪽 한 쪽이 사진처럼 나타나는 기적을 체험하게 될 것입니다.

'침팬지 공부법'도, 그림그리기도, 우리의 삶과 비슷하게 접목되는데 그림 한편을 자신의 인생이라고 가정한다면 어떤 그림을 그리겠습니까? 백지상태의 도화지는 이제 막 자신의 삶을 시작하는 단계라면 어떻게 살 것인가를 생각도 안 해보고, 백지에 스케치를 하면서 수정할 수 없는 볼펜, 매직으로 스케치하지는 않을 것입니다. 젊은 시절만이 연필로 스케치할 수 있는 특권의 시기라 할 수 있습니다.

성인이 되기 전에는 백지 상태에 스케치를 하면서 연필로 몇 번이고 다시 그릴 수 있는 기회가 존재합니다. 젊은 시절 방황하고 실수도 많이 하여 수없이 수정할 수 있습니다. 만약 한 번도 수정 없이 부모님, 선생님 말씀대로 한다면, 그것은 자기 주도적 인생이 아닌 남이 그려놓은 스케치 위에서 색칠만 하는 꼭두각시 인생이 될 수도 있습니다.

성인이 되어서도 스케치만 하고 있다면 참으로 어려운 삶이 예상됩니다.

자기 자신이 주인이 되어 자신의 인생그림을 그려야 합니다.

1.2 선다형 공부단계

지금까지의 공부는 진도에 맞추어 첫 장부터 순차적인 방법으로 했을 것입니다. 이러한 방법으로는 1회독도 힘들 것이며, 공부 도중에 끝쪽도 못 보고 중도에 포기한 경험이 많을 것입니다.

'침팬지 공부법'의 선다형은 1~3단계로 구성되어 있습니다.

논술형은 선다형 과정의 1, 2단계를 마치고 논술형 공부단계에서 제시하는 4, 5단계로 구성되어 있습니다.

구분	단계	세부방법
선다형 논술형	[1단계] 눈으로	∨ 기본서 선정 ∨ 사랑 고백 ∨ 책 넘김 방법 ∨ 책 넘김 이해
선다형 논술형	[2단계] 손으로	∨ 연필(기본서 - 단어 뜻 찾기) ∨ 형광펜(기본서 - 대, 중, 소단원) ∨ 녹색 (기본서 - 중요 단어, 어휘) ∨ 빨간색(기본서 - 수업시간) ∨ 검정색(자신의 노트 - 내 노트 작성) ∨ 청색(자신의 노트 - 문제 확인) ∨ 녹색(자신의 노트 - 기본서와 노트 합체) ∨ 빨간색(자신의 노트 - 친구와 선생님)
선다형 논술형	[3단계] 입으로	∨ 나는 선생님, 나는 학생 ∨ 나는 아나운서 ∨ 시험보기 연습 ∨ 영상기억법 체험

즉 선다형 공부 순서는 1 → 2 → 3단계 순서입니다.

지금까지 여러분의 공부는 진도에 맞추어 앞에서부터 순차적인 방법으로 이루어져 왔습니다. 이러한 방법으로는 1회독도 힘들 것이며, 공부 도중에 끝쪽도 못보고 중도에 포기한 경험이 많을 것입니다.

그림 그리는 원리와 같이 영상기억법이 응용되는 공부 방법인 '침팬지 공부법'으로 명확하게 선명하게 공부하기 바랍니다.

'침팬지 공부법' 카페에는 단계별 공부방법과 그림 그리는 원리를 비교하여 상세하게 설명되어 있습니다.

2 [I단계] 놀면서 눈으로 하세요

2.1 기본서 선정

> 공부는 자기 자신이 하는 것이지 책이 시켜주는 것이 아닙니다.

기본서는 자기 자신의 주관으로 선택하는 것입니다. 자신과 가장 잘 맞는 책, 즉 마음에 와 닿는 책이 곧 자기 자신에게 가장 좋은 책입니다.

세상에는 좋은 학교도 좋은 책도 존재하지는 않습니다. 오직 자기 자신의 기준으로 정의되는 자기 생각입니다. 세상에서 말하는 명문이고, 베스트셀러는 사회 보편적 통계에 의한 기준이지 자기 자신에게 해당되는 기준이 아니란 뜻입니다.

책을 선택할 때 한 가지 예를 들면, 자격시험이 한 달 남았는데 기출문제도 없는 두꺼운 기본서를 선택하지는 않습니다. 이런 경우에는 요약본과 문제집을 겸한 '무슨 속성', '며칠 완성' 이런 종류를 선택할 것입니다.

개인적으로 권유하고 싶지 않은 기본서는 좋은 종이 재질과 컬러로 구성되고 책 내용에는 너무나 자상할 정도로 잘 분류해두고, 설명하고 강조해주어 수험생의 수고를 덜어주려는 보기 좋은 책입니다. 공부는 자기 자신이 하는 것이지 책이 시켜주는 것이 아니기 때문입니다.

비싸고 좋은 책도 없고 싸고 가치 없는 책도 없습니다.

오직 자기 자신이 어떻게 받아들이느냐는 수용의 태도에 의해 결정되고, 얼마나 관심을 갖고 자주 함께 했느냐가 성과로 나타나는 것입니다.

초·중·고에서는 학교별로 기본교과서를 선정하여 제공하니 선택할 필요가 없습니다만, 일반적인 선다형 자격수험서의 경우에는 선택의 폭이 다양하게 존재합니다.

각자의 공부준비 상태와 시험 시기에 따라 다르게 받아들여질 텐데 책의 구성, 디자인, 설명문장, 전개방법 등을 검토하여 가장 자신에게 맞다고 생각되는 책이 본인의 기본서가 될 것입니다. 마치 첫눈에 반하는 이성을 만나듯이 기본서를 선택해야 합니다.

2.2 사랑 고백

"수학아! 이번 학년 동안 나와 잘 지내자! 나와 친구가 되어줄래? 난 수학 너를 매일 사랑해 줄게! 너도 나를 도와주렴! 너를 이해 못하면 학교에서 학원에서라도 네 마음을 이해하도록 최선을 다할게! 잘해보자! 수학아!"

지금 여러분 책상에는 어떤 과목의 책이 있습니까? 수학? 역사? 국어? 자격증 수험서? 그 기본서 책 표지를 뚫어져라 3분간 쳐다보세요. 그리고 마음속으로 자신이 원하는 방향으로 책에게 마음을 전하세요.

예를 들자면, "수학아! 이번 학년 동안 나와 잘 지내자! 나와 친구가 되어줄래? 난 수학 너를 매일 사랑해 줄게! 너도 나를 도와주렴! 너를 이해 못하면 학교에서 학원에서라도 네 마음을 이해하도록 최선을 다 할게! 잘해보자! 수학아!"라고 마음을 전해주어야 합니다.

모든 사람, 동물, 식물, 무생물인 책까지도 자신이 어떤 마음으로 대하느냐에 따라서 자신에게 돌아오는 것도 자신이 마음먹은 대로 돌아올 것입니다.

어떤 사람들은 올바른 도덕심, 삶의 방향을 정의한 사명서, 꿈과 계획까지 잘 정립하고서 행동에 들어서면 이렇게 마음먹고 시작하는 분들이 있습니다. "나는 반드시 수학 100점을 맞을 거야! 나는 기필코 정복하고 말테야! 난 수학의 달인이 될 거야!" 안타까운 일입니다. 자기 자신의 꿈을 이루어 줄 대상을 무슨 장애물, 경쟁대상, 싸움상대, 극복과제 같이 생각할 필요는 없습니다.

공부하는 과목 중에서도 '이 과목은 나와 적성이 맞아'라는 말은 '난 OO 과목을 좋아해서 잘해!'란 뜻이고, '난 OO과목이 싫어'라고 말하는 것은 '난 저 과목을 싫어해서 잘 못 해'라는 뜻입니다.

사람도 마찬가지입니다. 상대방이 무엇 때문에 싫고, 어떤 점 때문에 좋다는 기준은 모두 자기 주관적인 것입니다. 자신이 싫어하는 사람도 분명 다른 사람 중에는 좋아하는 사람이 있기 때문입니다.

이제부터라도 여러분은 자신을 먼저 사랑하고 자신의 꿈을 이루어 줄 ○○공부와 ○○과목을 우선 좋아하는 것이 가장 현명한 생각일 것입니다.

지금 공부하는 과목을 좋아한다고 고백부터 하고 시작해 보기 바랍니다. 억지로라도 좋아하다 보면 인간 관계처럼 정이 들게 될 것이고, 그러다 보면 여러분께 보답도 해줄 것입니다.

기본서들은 자신의 꿈을 실현시켜줄 좋은 친구이자 애인이라 생각하고 아끼고 사랑해 줘야 합니다. 책에 낙서하고, 찢고, 집어던지는 사람에게 책이 도와줄 일은 없습니다.

책이 소중해서가 아니라 자신의 꿈이 소중하기 때문에 그러면 안 됩니다.

2.3 책 넘김 방법

책 넘김의 방법은 보고자 하는 쪽에 5초간 머무르면서 관심 갖고 보고, 나머지 부분은 보이는 대로 보면서 3초 이내에 1장(2쪽)을 넘기기는 것입니다.

1단계 공부법인 '눈으로 하세요'를 들어가기 전에 다시 한 번 책의 구성을 확인해 보겠습니다.

지식을 전달하는 대부분의 책은 나무와 같은 구조이며 단원별로 구분해 보면 아래와 같은 목차구성으로 되어 있습니다.

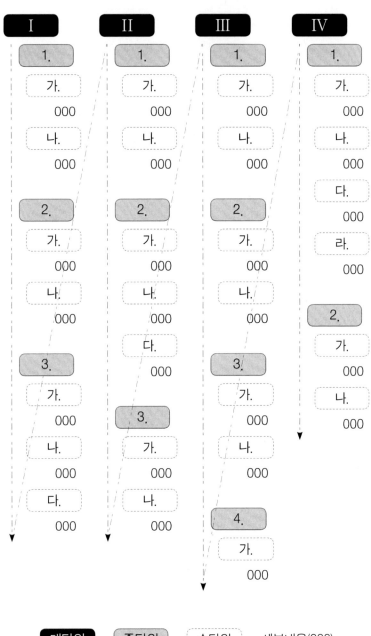

I	II	III	IV
1.	**1.**	**1.**	**1.**
가.	가.	가.	가.
000	000	000	000
나.	나.	나.	나.
000	000	000	000
			다.
2.	**2.**	**2.**	000
가.	가.	가.	라.
000	000	000	000
나.	나.	나.	
000	000	000	**2.**
	다.		가.
3.	000	**3.**	000
가.		가.	나.
000	**3.**	000	000
나.	가.	나.	
000	000	000	
다.	나.		
000	000	**4.**	
		가.	
		000	

대단원　　**중단원**　　소단원　　세부내용(000)

지금까지 여러분은 책을 보실 때 수직방향의 화살표 방향으로 순차적으로 읽었을 것입니다. 즉 1쪽부터 순차적으로 끝쪽까지 읽었을 것입니다. 당연합니다. 학습 진도가 순차적으로 나가기 때문(어학은 다를 수 있음)입니다.

오늘 학습할 단원이 Ⅲ.2.가 의 소단원이라면 해당 쪽부터 수업을 하게 될 것입니다.

혹시 이렇게 설명을 먼저 시작하고 수업을 진행한다면 여러분 머릿속에는 어떻게 기억될지 상상해 보기 바랍니다.

"지금은 OO과목시간이고, 이 과목을 배우는 목적은 OO이고, 이번 학년에서 배울 범위가 이 책인데, 이 책의 구성은 Ⅰ. Ⅱ. Ⅲ. … 대단원으로 구성되어 지금 나이에 배울 수 있는 수준으로 구성된 책이다. 우리가 지금까지 배운 대단원 Ⅰ. Ⅱ. 는, OO과 OO에 대해 이미 공부했고 대단원 Ⅲ. 은 OO에 관하여 배우고 있는데 의 OO, Ⅲ.1 의 OO, Ⅲ.2 의 OO, Ⅲ.3 의 OO Ⅲ.4 중단원으로 분류되어 있다. 오늘 배울 단원은 의 OO 중 가 Ⅲ.2 OO를 설명 Ⅲ.2 하는 소단원인데 수업 전에 지금까지 배운 Ⅲ.2.가 이전 단원 중 이해 안 되거나 스스로 공부한 내용 중 질문사항 있으면 하라. 그럼 Ⅲ.2.가 의 OO,에 대해서 함께 공부해 보기로 한다. Ⅲ.2.가 는 OO을 설명하기 위한 것으로 세부내용에는 OO, OO, OO을 알려주고 있다. 먼저 단어의 개념부터 정의하고 시작하자 OO란…"

이러한 순서로 수업을 시작한다면 분명 소나무 한 그루에서 줄기, 가지, 솔잎까지 설명한 것으로 공부할 범위의 잎까지 먼저 명확히 분류하고 잎 속의 솔방울, 솔잎의 새순까지 공부하게 되는 것입니다.

1단계의 '눈으로'에서는 책 넘김 방법으로 그림그리기에서 스케치를 하는 과정입니다. 책의 표지를 통해 사랑고백을 했고 그 사랑의 대상이 무엇인지를 알아보는 과정인 것입니다.

책 넘김의 방법은 보고자 하는 쪽에서는 5초간 머무르면서 관심 갖고 보고 나머지 부분은 3초 이내에 1장(2쪽)을 넘기는 것입니다.

'침팬지 공부법'에서의 책 넘김은 순차적으로 책장은 넘기나 집중하는 방법으로 건너뛰기 방식입니다. 즉, 3초 간격으로 볼 때는 설렁설렁 편하게 훑어보는 방법으로 책장을 넘기다가 집중하는 쪽에서는 5초 간 집중하여 원하는 목적으로 보는 것입니다.

단원별 순서는 처음에는 대단원 쪽에서 5초간 중점으로 보고 나머지 쪽은 모두 3초 만에 설렁설렁 지나 가다가 다음 대단원 쪽에서는 다시 5초간 집중하는 방법으로 계속 책장을 넘기는 것입니다.

두 번째 책 넘김에서는 대단원의 내용을 생각하면서 중단원 쪽에서는 5초간 집중하고 다른 구간에서는 3초만에 지나가는 것이고, 세 번째는 대단원, 중단원의 내용을 생각하면서 소단원 쪽에서는 5초간 집중하고 다른 쪽은 3초만에 지나가는 것입니다.

이렇게 세부단원까지 넘기면서 공부하는 방식이 건너뛰기방식 공부입니다.

책 넘김의 원리는 바로 큰 소나무를 머릿속에 그림을 그려 놓고 하는 것으로 과목명은 소나무가 되고, 대분류는 나무의 큰 줄기가 되고 중분류는 작은 줄기가 되고, 소분류는 작은 가지가 되며 세부내용은 솔잎이 되는 것입니다.

솔잎의 새순이나 솔방울 하나를 공부하게 되더라도 나무의 큰 줄기, 작은 줄기, 작은 가지, 솔잎의 관계를 알고 공부하게 되는 것입니다.

위와 같이 책 넘김을 진행하면 한 과목에 대략 5~6번의 책 넘김을 하게 될 것입니다. 소요되는 시간은 과목별, 쪽수별로 다르겠으나 아무리 두꺼운 전문 서적이라도 하루면 가능할 것입니다. 경험에 의하면 일반적인 교과서나 자격수험서는 5시간 이내면 세부내용까지 책 넘김이 가능합니다.

책 넘김 동안에는 마음속으로 이렇게 생각하면서 5초를 봅니다. '대단원 OO에 중단원 OO, OO, OO, OO으로 구성되어 있구나'하고 다시 3초 간격으로 넘어가다가 중단원 쪽이 나타나면 '대단원 OO에 포함되는 중단원 OO은 소단원 OO, OO, OO의 내용으로 되어 있구나' 하는 방식으로 책 넘김을 합니다.

이렇게 세부 내용까지 약 5번의 책 넘김을 하고 나면 머리 속에는 책의 구조가 트리로 떠오를 것입니다.

이러한 방법으로 책 넘김을 하다 보면 다음 과정 2단계인 '손으로' 단계에서는 거의 감각적으로 책 어느 위치에 무슨 내용이 있는지를 알고 해당 쪽을 찾아가는 신비를 경험할 것입니다.

여러분의 주변이나 과거에 공부 잘하는 친구 중에는 시험기간에 남들은 문제 풀어보느라 정신없을 때 기본서 책장만 천천히 넘기곤 했던 친구가 시험결과는 항상 상위권이었던 사례가 있었을 것입니다. 아마도 침팬지학습법 1단계를 자신도 모르게 알고 있었던 경우일 겁니다.

선다형의 공부원리 1단계는 기본서를 충실히 눈으로 익히는 것으로 자신도 모르게 책의 전반적인 내용이 파악되는 원리입니다. 이 과정으로 여러분은 한 번도 보지 않을 책을 다섯 번이나 본 셈입니다. 설렁설렁 말입니다.

방학 때 다음 학기 책을 먼저 나누어 주는 이유는?

선행 공부를 하라는 뜻입니다. 즉 예습입니다. '침팬지 공부법' 2단계까지 예습을 하고 다음 학기에 임한다면 수업시간이 즐거울 것입니다. 1단계까지만 해도 훌륭한 예습이 될 것입니다.

2.4 책 넘김 이해

책 넘김은 내용 파악 목적이 아니므로 정독하지는 않고 설렁설렁 넘기다가 집중 쪽에서는 집중하는 방법입니다. 대단원-중단원-소단원의 관계성을 생각하면서 집중하는 것입니다.

눈으로 책의 내용을 파악하는 방법이 책 넘김입니다.

책 넘김 방법의 이해를 돕고자 우리 인체의 외형을 예로 설명하겠습니다.

우리가 사람을 처음 만날 때 외형에서 느끼는 감정이 있고, 서로 말을 나누고 시간을 보내면서 그 사람에 대해서 알아가게 됩니다.

이성을 사귀어 가는 상황으로 설명해 본다면, 책 넘김의 과정은 외형을 눈으로만 보고 파악하는 과정입니다. 이성을 처음 볼 때 여성인

지 남성인지를 확인하고 이름을 알게 되고 호기심을 갖게 됩니다.

'침팬지 공부법'에서는 공부하기로 마음먹고 기본서를 선정하고 제목을 보면서 사랑하겠다고 마음먹은 과정까지가 해당됩니다.

좋아하게 될 사람과 몇 마디 말을 나누어 보고 느낌을 받을 겁니다.

마치 여러분이 처음에는 전 과목 공부를 시도하다가 '난 영어가 좋아, 수학은 싫어!'라고 하듯이 말입니다. 여러분은 공부를 무조건 좋아하기로 마음먹고 시작했으면 합니다.

이성은 눈을 맞추고(과목을 확인하고) 다음으로는 머리, 몸통, 팔 두 개, 다리 두 개가 있는 것을 자신도 모르게 확인했을 것입니다.

기본서에서는 대단원을 파악해야 합니다. 불과 5분 정도면 될 것입니다.

첫 번째 책 넘김의 순서는 책 표지를 넘기면 머리말, 책 소개 등으로 구성하여 책의 마음을 설명하고 있습니다. 이 부분은 정독하기 바랍니다. 책이 나에게 이렇게 사랑해주라고 말해주고 있는 내용입니다.

그리고 목차를 한 번 전체적으로 훑어보고 지나가고 다음 장에서 첫 대단원을 맞이하게 될 것입니다. 먼저 대단원이 나온 해당 쪽을 뚫어져라 5초를 쳐다보면서 확인합니다. 글씨는 영어인지, 한글인지, 한문인지, 이미지는 무엇으로 했는지, 색상은 무엇인지, 글씨 크기는 어느 정도인지, 대단원 표지에 중목차를 함께 제시하고 있는지를 확인합니다. 확인하는 과정에서 '왜 이렇게 했을까?'라는 의문을 가져 보고 생각도 해본다면 도움이 많이 될 것입니다.

　대단원들의 제목은 과목명을 크게 분류하여 함축적으로 표현하는 중요 단어들로 구성되어 있습니다. 사람으로 비유하면 머리, 몸통, 팔, 다리가 대표 단어들입니다.

　3초 간격으로 넘기면서 좌우 2쪽의 내용을 파악한다는 것은 불가능합니다. 이때는 내용을 파악하려하지 말고 편하게 눈에 보이는 대로 보기 바랍니다. 3초 동안 눈이 머무르는 대로 보라는 의미입니다. 연인이 될 사람을 볼 때 가볍게 머리, 몸통, 팔, 다리가 어떻게 생겼는지만 보면 되는데, 눈의 크기, 손톱 모양, 발사이즈를 알려고 할 필요가 없다는 것입니다.

　책 넘김은 내용 파악 목적이 아닙니다.

　지금까지 여러분은 책의 처음 첫쪽부터 내용을 파악하려고 쪽당 몇 분씩 소모하면서 지루하게 공부하였기에 과목의 구성이 어찌 되어 있는지를 파악하기도 전에 공부가 싫어졌던 것입니다.

　지금까지 해왔던 첫쪽부터 정독 방법은 사람을 처음 보는데 '머리가 있는지?', '목이 있는지?', '몸통이 있는지?', '팔이 있는지?', '다리가 있는지?'도 안보고 얼굴의 머리카락은 무슨 색이고, 반곱슬이고, 눈은 작고 쌍커풀이 없고, 코가 낮고 등등 이런 식으로 사람을 보는 것과 같은 것이라 할 수 있습니다.

　다행히도 인내하면서 발뒤꿈치까지 잘 보았다 해도 발가락이 몇 개이고 발톱이 어떻게 생겼다는 과정에 오면 아마도 '얼굴이 어떻게 생겼었더라?'라는 의문이 들 것입니다. 인간은 망각의 동물이기 때문입니다.

두 번째 책 넘김에서는 중단원격의 머리에는 눈, 코, 입, 귀가 있고, 몸통에는 가슴, 등, 배꼽, 옆구리가 있고, 팔은 두 개가 있고, 어깨, 팔꿈치, 팔목, 손으로 구분되고 다리는 두 개가 있고, 허벅지, 무릎, 종아리, 발등이 있다는 것을 확인합니다.

세 번째 책 넘김은 소단원격인 눈은 두 개, 눈썹과 눈동자, 속눈썹이 있고 등 몸통은 배, 가슴이 있고, 발은 두 개이며 발가락, 발등, 발바닥, 발꿈치 등… 이런 식으로 대단원부터 소단원까지 책의 구성 즉 몸의 구성을 눈으로 알아보는 것이 책 넘김의 방법입니다.

책 넘김에서 몸통 배 안의 위장은 어떻게 생겼고, 소화의 원리는 무엇임을 알려고 한다면 안 된다는 것입니다.

좋아할 사람도 첫 느낌만으로 일차적으로 파악할 수 있는 것은 눈에 보이는 것이 다입니다. 대단원에서 소단원까지 책 넘김으로 확인하는 과정과 같은 것입니다.

소단원까지 확인하면 책의 구조를 파악한 셈인데, 책의 구조를 모르고 공부를 할 경우, 발가락을 찾아갈 때 다리-허벅지-무릎-발목을 알고 나서 소단원의 발가락을 보지 않고 발가락이 팔목에 붙어 있는지, 손가락과 어떻게 다른지도 모르고 발가락의 마디는 어쩌고저쩌고 식으로 말하는 것과 마찬가지가 됩니다.

소단원의 세부 내용 책 넘김은 책의 종류와 분량에 따라 소요시간이 요구됩니다.

주의할 점은 소단원의 경우 세부 내용에 들어오면 내용이 많아지게 되므로 습관적으로 글을 읽으려 하는데 정독하지 말라는 것입니다. 편하게 이런 것이 있구나 정도만 알아보는 수준으로 책 넘김을 하도록 합니다.

책 넘김 중에는 정독하지는 않으나 중요 쪽에서는 집중하는 것이 요구됩니다. 대단원－중단원－소단원의 관계성을 생각하면서 집중해야 합니다. 몇 장 넘기다 휴대폰 SNS 보고 음악 듣고 이야기하고 해서는 안 됩니다. 한 회독을 할 때는 무조건 쉬는 시간 없이 한 번에 연속으로 보는 것이 '눈으로 하세요'의 원칙입니다.

대단원, 중단원, 소단원의 제목들은 단어나 간단한 어휘 또는 문장으로 구성되어 있습니다. 소단원은 3~5개의 문장 또는 문단으로 설명되어 있습니다. 한 개의 문단은 역시 2~3개의 문장으로 구성되어 있는데 '문단에서 설명하고자 하는 것이 이거구나' 정도를 파악하는 것입니다.

책 넘김을 목차로 정리해 보면 아래와 같이 진행됩니다.

0. 보는법

- 1 ② ◇ 4 ♥ 표 : 5초 집중
- 곡선 : 3초 보면서 책 넘김

대단원 1번부터 표까지 위와 같은 방법으로 5~6번의 책 넘김을 하도록 합니다.

1 대단원을 책 넘김하면 아래와 같습니다.

I	II	III	IV
1.	**1.**	**1.**	**1.**
가.	가.	가.	가.
000	000	000	000
나.	나.	나.	나.
000	000	000	000
			다.
			000
			라.
			000
2.	**2.**	**2.**	
가.	가.	가.	
000	000	000	
나.	나.	나.	**2.**
000	000	000	가.
	다.		000
3.	000	**3.**	나.
가.		가.	000
000	**3.**	000	
나.	가.	나.	
000	000	000	
다.	나.		
000	000	**4.**	
		가.	
		000	

대단원   **중단원**   소단원   세부내용(000)

② 중단원을 책 넘김하면 아래와 같습니다.

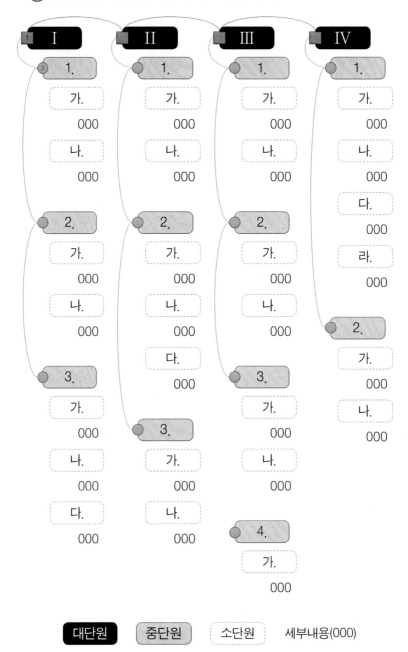

대단원 중단원 소단원 세부내용(000)

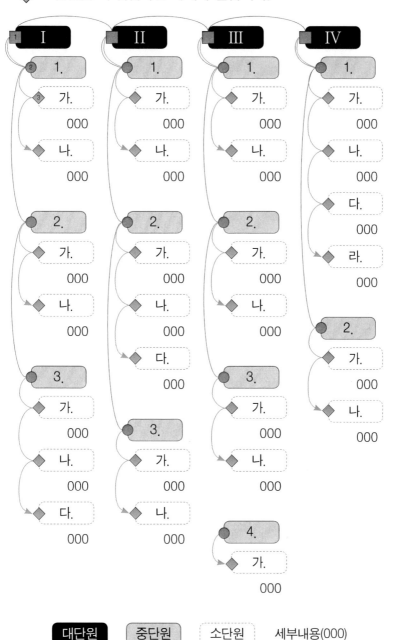

◈ ③ 소단원을 책 넘김하면 아래와 같습니다.

| 대단원 | 중단원 | 소단원 | 세부내용(000) |

4 세부내용을 책 넘김하면 아래와 같습니다.

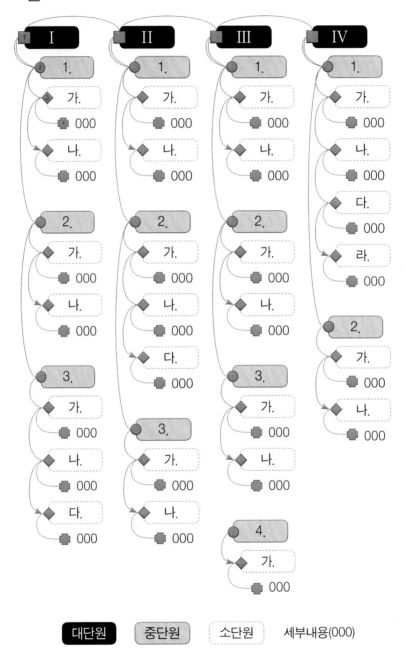

대단원   중단원   소단원   세부내용(000)

이 이미지를 책 넘김하면 아래와 같습니다.

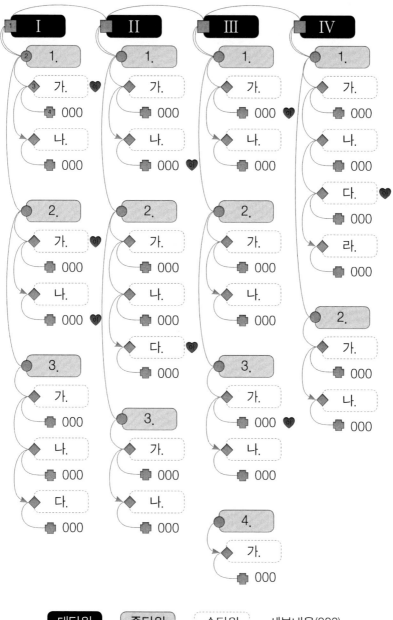

대단원   중단원   소단원   세부내용(000)

표 표를 책 넘김하면 아래와 같습니다.

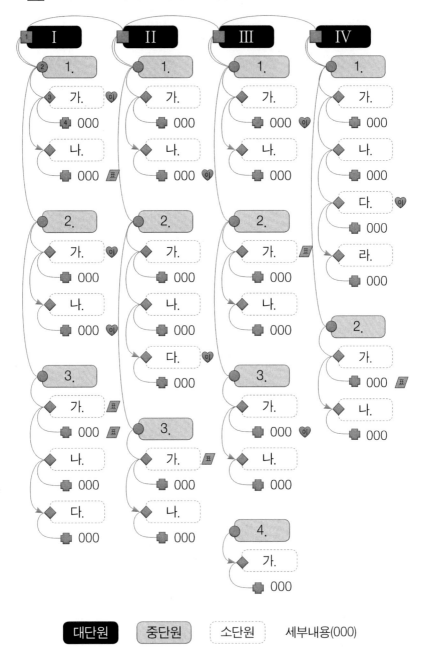

대단원　　중단원　　소단원　　세부내용(000)

문제를 눈으로 풀 수는 없다.

기본서 참고서 등에 중간 중간 문제가 있는 책의 경우 문제를 눈으로 풀지 말아야 합니다. 문제는 푸는 것이 아니고 확인하는 것이며, 그 과정은 1단계 손으로의 마지막 과정에서 하게 됩니다.

3 [2단계] 심심하니 손으로 하세요

3.1 연필(기본서 - 단어 뜻 찾기)

> 연필을 잡고 기본서의 첫 쪽부터 마지막 쪽까지 순차적으로 넘기면서 모르는 단어의 뜻을 찾아 기본서에 적습니다.

1단계에서 기본서를 선택하고 사랑고백을 한 후 여러 번의 책 넘김이 이루어졌습니다. 책 넘김의 과정 속에서 자연스럽게 기본서의 주요구조가 머릿속에서 떠오를 것입니다. 그러나 눈으로만 기본서를 훑어 보았기 때문에 세부내용까지는 각인되어 있지 않습니다.

2단계에서는 손으로 즉, 펜으로 공부하는 과정입니다. 지금까지 공부해오던 방식대로 노트에 바로 정리하는 것이 아닙니다.

먼저 기본서에 단어 찾기, 단원 제목 색칠, 중요 단어 밑줄을 표기합니다.

주의할 점은 '침팬지 공부법' 과정 내내 암기하려 하지 않아야 합니다.

2단계의 첫 번째 펜인 연필을 잡고 기본서의 첫 쪽부터 마지막 쪽까지 순차적으로 넘기면서 모르는 단어의 뜻을 찾아 기본서에 적습니다.

책 넘김을 하면서 눈으로 내용을 파악했음에도 명확한 단어의 뜻을 알지 못하는 단어는 사전을 찾아 기본서에 직접 옮겨 적습니다.

단어의 뜻을 모르고 공부하는 것은 그냥 암기하는 것에 불과합니다. 즉 이해하는 데 한계가 발생하고 응용문제를 해결하는 데는 더 큰 역경이 생깁니다.

어학에서는 단어의 중요성을 인식하여 철저한 단어공부를 하면서도 한글로 작성된 국어, 수학, 한국사, 전공서적 등에서는 모르는 단어가 있으면서도 그냥 암기식으로 공부하는 경우가 대부분입니다. 단어의 뜻을 완전하게 이해하고 시작한다면 공부의 절반을 한 것과 같은 효과를 경험할 것입니다.

먼저 책표지의 과목명을 사전으로 찾아 표지에 영어, 한문, 한글 뜻을 옮겨 적기 바랍니다. 새로운 기분이 듭니다. 수학을 왜 수학이라 했는지, 왜 국사, 역사로 하다가 요즘은 한국사로 하는지 등등 본인이 공부하는 과목에 대하여 사전적 정의를 찾아보면서 무엇을 공부하는지 명확하게 알게 됩니다.

책표지에 사전적 의미를 한문으로 옮겨 적고 그 한자가 무엇을 뜻하는 글자인지 한자옥편까지 찾아 이해하는 과정을 경험하면 책의 과목명에 대한 이해가 새롭게 각인됩니다. 영어, 일본어까지 재미삼아 옮겨 적어 두는 것도 작은 즐거움이 됩니다.

다음으로 대단원, 중단원, 소단원까지의 제목들에 대하여 모르는 단어를 기본서에 한문과 함께 기록합니다.

단어를 찾을 때에도 책 넘김 방법과 동일하게 1장씩 조금 빠르게 넘기면서 대단원, 중단원, 소단원의 제목 단어 중 어설프게 알고 있다 생각되면 다시 한 번 사전을 통해 명확히 해두어야 합니다.

세부내용의 단어에서도 같은 방법으로 수행하면 연필과정이 종료됩니다.

최근 초중고생들의 교과서를 보면 단어의 뜻, 중요 단어가 잘 정리되어 공부하기에 참 편리하게 구성되어 있습니다.

이렇게 기본서에 단어의 뜻을 자신이 직접 적어두면 수업이나 강의 시간에 보다 더 효율적으로 내용을 받아들일 수 있고 '자신의 노트'에 옮겨 적을 때 개념이 정확하게 숙지되어 공부에도 효과적입니다.

한문으로 옮겨 적어야 한다니 습관이 안 되어 힘들게 느껴질 것입니다. 거의 그리는 수준일 수도 있습니다. 그러나 한문을 모르고 공부하겠다는 것은 한글의 뜻을 명확하게 모르고 내용을 이해하겠다는 생각과 같습니다.

한글은 한문에 기초한 소리글자입니다. 이 한문을 읽을 때 나는 소리를 지금의 글로 편리하게 쓸 수 있게 한 것이 우리 한글입니다. 물론 순수한 우리말도 있지만 대부분 한문의 뜻을 모르고는 알 수 없는 한글이 너무도 많습니다. 예를 들어 '배' 한 글자를 써두면, 몇 개의 뜻이 연상됩니까?

사전검색 결과입니다.

한자의 뜻을 모른다면 문장 속에 들어가야만 이 배라는 글자가 무슨 배를 뜻하는지 이해할 수 있습니다.

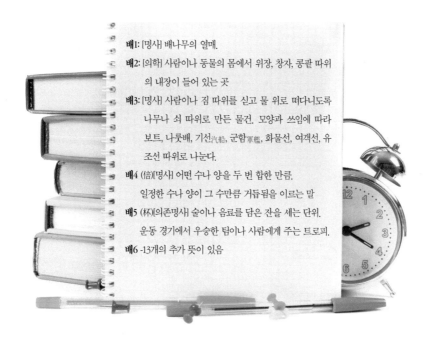

배1: [명사] 배나무의 열매.

배2: [의학] 사람이나 동물의 몸에서 위장, 창자, 콩팥 따위의 내장이 들어 있는 곳

배3: [명사] 사람이나 짐 따위를 싣고 물 위로 떠다니도록 나무나 쇠 따위로 만든 물건. 모양과 쓰임에 따라 보트, 나룻배, 기선(汽船), 군함(軍艦), 화물선, 여객선, 유조선 따위로 나눈다.

배4 (倍)[명사] 어떤 수나 양을 두 번 합한 만큼. 일정한 수나 양이 그 수만큼 거듭됨을 이르는 말

배5 (杯)[의존명사] 술이나 음료를 담은 잔을 세는 단위. 운동 경기에서 우승한 팀이나 사람에게 주는 트로피.

배6 -13개의 추가 뜻이 있음

여러분의 과목인 수학도 무려 6가지의 뜻이 있습니다. 모두 한글은 같고 한자가 다르게 사용되어 뜻을 달리하고 있습니다. 그러므로 각 단원별 제목에 제시된 단어나 어휘는 철저하게 뜻을 분석하고 한자로 기억하는 습관을 갖는다면 여러분의 언어수준은 크게 향상될 것이고 말하는 능력과 사용하는 어휘 수준도 크게 높아질 것입니다.

3.2 형광펜(기본서 ‑ 대, 중, 소단원)

인간의 눈은 보았던 것을 다시 볼 때는 신기하게도 새롭게 나타난 것
에 반응합니다.

기본서에 단어의 뜻을 찾아 기록해 두었고
이번에는 책의 트리 구조를 정립합니다.

그 방법이 형광펜을 이용하여 단원별 제목
에 색칠을 하는 것입니다. 빨간색은 대단원,
중단원은 청색, 소단원은 노랑색으로 칠합니
다.

이때에도 물론 대단원, 중단원, 소단원을 책 넘김 방법대로 조금 빠
르게 넘기면서 처음에는 대단원만, 두 번째는 중단원을, 마지막으로
소단원을 칠하면 끝납니다.

소요되는 시간은 짧습니다.

이때의 책 넘김에서는 지금까지 과정 중 눈에 보이지 않았던 '단어
뜻을 찾아 놓은 쪽'이 새롭게 보이게 됩니다.

인간의 눈은 보았던 것을 다시 볼 때는 신기하게도 새롭게 나타난
것에 반응합니다. 마치 집으로 가던 중 근처 가게가 간판만 바뀌어도
다른 가게가 들어오는구나를 인식하게 되는 것과 같은 이치입니다.

자연스럽게 침팬지의 영상기억법이 실현되는 과정입니다.

과학적으로 증명된 인간의 기억곡선에 의하면 반복만이 가장 확실
한 기업법입니다.

인간의 기억에 관하여 중요한 사실은 인간이 기억곡선을 따라 생각한다는 점입니다. 한 달 전 공부한 것을 100% 알고 있을 수 없는 것이 인간의 뇌입니다. 방법은 반복이라 했습니다. 그러나 산더미 같이 쌓인 책과 문제집 모두를 내일 시험인데 오늘 다시 반복할 수 없습니다.

에빙하우스의 망각곡선

인간의 기억은 반비례한다는 것을 알고 감소하는 기억을 오랫동안 기억하기 위해서는 주기에 따라서 적절한 시점에 복습(4회)이 필요 하다는 이론

헤르만 에빙하우스(1850~1909)

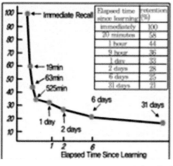

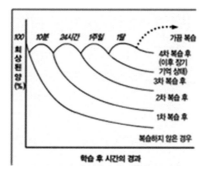

[헤르만 에빙하우스망각곡선]

즉 반복하는 것만이 망각하지 않는 길입니다. '침팬지 공부법'은 단순반복이 아닌 그림 그리는 원리와 같이 스케치부터 색칠, 보정, 설명 과정으로 즐겁게 공부하는 방법이므로 누구나 쉽게 따라할 수 있습니다.

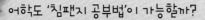

어학도 '침팬지 공부법'이 가능할까?

여기까지 오면서 여러분은 작은 의문이 생길 것입니다. 국어나 영어 등의 어학 과목은 지식정보전달 체계와 같이 구성되어 있지 않는데 과연 맞는지 궁금할 것이며, 수학 또한 체계적으로 설명은 하고 있는데 어떻게 정리가 될 것인지 궁금할 것입니다.

의문을 갖는 것이 당연합니다. 분명 과목별로 책의 구성과 전개방식의 특성은 존재하나 근본은 같습니다.

세부과목별 공부 방법은 PART Ⅳ에서 수능공부, 자격증(취업)공부, 대학 공부, 자격증공부 편에 설명하였습니다.

3.3 녹색(기본서 - 중요 단어, 어휘)

글속에서 중요 단어를 찾는 능력은 학습에 중요한 요소입니다.

지금까지 기본서에 단어를 찾아 기록하였고, 단원별 제목에 형광펜을 칠했습니다.

이번에는 기본서의 마지막 과정으로 세부 내용에 있는 중요 단어 또는 어휘를 찾아 녹색 볼펜으로 밑줄을 긋겠습니다.

주의할 점은 다시 한 번 강조되는 사항으로 정독해서는 안 된다는 점입니다.

기본서에 녹색으로 중요 단어 및 어휘에 밑줄을 긋는 과정은 신중을 기하는 것이 좋습니다. 이유는 '자신의 노트'를 작성할 때 옮겨 적게 되는 주요 구성 내용이 될 것이기 때문입니다.

그러나 걱정할 일은 아닙니다. 여러분의 기억에는 이미 소나무 한그루에서 큰 줄기, 작은 줄기, 작은 가지까지 기억되어 있습니다. 이번에는 작은 가지에 솔잎이나 솔방울을 찾아 붙이는 과정으로 이해하면 됩니다.

새로운 단어를 쓰는 것이 아니고 기본서에 있는 단어를 찾아 밑줄을 긋는 것으로 어렵지 않게 할 수 있습니다.

중요 단어를 찾는 요령을 설명하기 전에 지식을 전달하는 책들의 특징을 살펴보면 펼쳐있는 좌우 2쪽 내에서 한눈에 볼 수 있도록 책의 상하좌우 모서리지점에 작은 글씨로 대단원, 중단원과 쪽이 적혀 있습니다. 지식을 전달하려면 반드시 분류체계가 제시되어야 이해하기 쉽기 때문입니다.

지식을 전달하지 않는 책은 좌우상하 모서리에 쪽만 있는 것이 보통입니다.

요즘 기본서들은 중요 단어를 너무도 자세히 잘 표현해 두어 따로 찾을 필요가 없을 정도이며, 기타 수험(자격증 등)서들도 잘 정리되어 있어 쉽게 찾을 수 있기 때문에 밑줄 긋기가 쉽습니다. 그러나 대학서적, 전문서적에는 키워드라고 별도로 표현해 두지 않습니다. 이유는 고등학교 과정까지의 학습을 마치면 글 속에서 키워드는 찾는 역량은 충분히 갖추었다는 것을 전제로 글을 쓰기 때문입니다.

여러분 자신이 지금 보고 있는 어떤 책이든 펼쳐보기 바랍니다. 소단원의 내용은 3~5개의 항목이나 2~3개의 문단으로 설명하고 있을 것이며, 문단에는 2~3개의 문장으로 항목을 상세 설명하는 패턴을 유지하여 트리 구조로 구성된 것을 알 수 있습니다.

　결국 대분류부터 중분류 소분류를 거치면서 세부내용과의 관계성을 보면 키워드는 쉽게 찾을 수 있습니다.

　이때 주의할 점은 문단에서 세부 내용을 읽는 동시에 키워드를 찾으려 한다면 진도가 나가지도 않고 무엇이 중요한지도 모르고 지식정보 전달 흐름에서 벗어나는 번외 내용에 밑줄을 긋게 될 수 있다는 것입니다. 즉 소나무를 비교하여 설명하자면 겉에서 보면 솔잎이 주를 이루나 그 안의 새순이나 솔방울이 키워드이므로 솔방울 주변의 솔잎을 선택하는 실수를 범하지 말아야 한다는 것입니다.

　한국사 세부내용 한 부분을 사례로 제시하겠습니다.

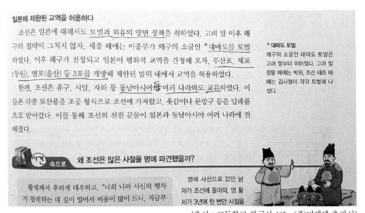

[출처 : 고등학교 한국사 115p (주)미래엔 출판사]

　예를 들면 한국사에서 대단원 "조선유교사회의 성립과 변화"-중단원 "조선의 건국과 통치 체제의 정비"-소단원 "조선초기의 대외관계" 세부단원 일부인 "제한된 교역"에서 녹색 밑줄이 그어지는 곳은 제한된 교역허용과 연관성 있는 어휘나 문장으로 "부산포, 제포(창원), 염포(울산) 3포"가 하나이고 "동남아시아(유구, 시암, 자와 등) 교류" 또한 여기에 해당됩니다.

소단원의 세부내용에는 대부분 2~3개의 문장이 한 개의 문단을 이루고, 2~3개의 문단이 모여 세부내용으로 구성되어 소목차를 이루게 됩니다. 유의할 점은 항상 대, 중, 소단원의 세부내용이 무엇인지를 염두에 두고 중요 단어를 찾아야 한다는 것입니다.

다시 한 번 강조하자면 소나무의 큰 줄기(대단원)와 작은 줄기(중단원)와 작은 가지(소단원)를 염두에 두고 솔방울(중요 단어)을 찾아야지 솔방울이 아니라 보충설명 또는 이해를 돕기 위한 작은 솔잎을 찾는 실수는 범하지 말아야 합니다.

밑줄 긋기에 소요되는 시간은 사람들마다 각각 다르게 나타나겠지만 정독하지 않고 찾아가는 방법으로 올바르게 진행하였다면 약 200쪽 정도의 분량일 경우 3~5시간 정도면 가능합니다.

여기까지 성실하게 수행했다면 지금 당장 시험을 본다고 할 때 문제풀이 과정이 없었어도 60~70%대의 점수를 얻을 수 있습니다. 공부의 기초인 단어를 찾았고, 책의 구조를 파악하였고 그 구조의 내용의 전개 순서와 주요 내용이 파악되었기 때문입니다.

중요 단어 찾기에서 처음에는 작은 실수가 있을 수 있으나 한 과목만 적용해보고 나면 바로 적응할 수 있습니다.

글 속에서 중요 단어를 찾는 능력은 학습에 중요한 요소입니다.

공부하는 도중 기본서 과정의 마지막인 '녹색 밑줄 긋기'를 완료했는데 시험일자가 촉박한 시험(자격증시험, 중간고사, 기말고사 등)의 경우에는 다음 과정의 '자신의 노트' 작성을 건너뛰고 곧바로 문제를 기본서에서 확인하고 '3단계 입으로'를 거친 후 시험에 임할 수 있습니다.

그러나 단기적인 시험에는 효과를 기대할 수 있지만 큰 시험에는 결코 좋은 성과를 기대하기 어렵습니다. 이유는 기본서의 1/10 정도까지 함축되는 '자신의 노트'가 없기에 시험 전날 기본서 전체를 모두 확인하기에는 시간적으로 한계가 있기 때문입니다.

여기까지가 기초 예습과정 완성입니다. 스스로 하는 자기 주도적 공부는 기본서 과정까지만 수행해도 예습 준비로 손색이 없다 할 수 있습니다.

이후의 학교 수업은 편하고 즐거워질 것입니다.

선행학습에 관하여

우리 민족의 문화인지, 부모님들의 자식사랑 욕심인지, 우리 한민족의 우수성 때문인지는 모르겠으나 고등학생 과정까지 참으로 많은 학습량을 요구한다는 생각이 듭니다.

더군다나 몇 개월, 심지어 1년 뒤에 배울 내용까지 앞서가는 선행학습을 하고 있습니다. 참으로 안타까운 현실입니다.

분명 선행학습을 하게 되면 남들보다 더 좋은 성적을 얻는 데는 유리합니다. 그러나 정작 학생 당사자는 아마도 공부라는 것을 배움의 즐거움 차원이 아니라 짜증스럽고 하기 싫은 것으로 받아들입니다. 자신이 선택한 것이 아닌 부모님께서 시킨 것이 되어 버리기 때문입니다. 모두 이런 심각한 문제를 간과하는 것 같습니다.

이러한 선행학습이 먼저 이루어지면 학교 수업시간이 즐거울지가 의문입니다.

선행학습에 대한 저자의 생각은 호기심을 충족시켜주는 정도까지의 예습이어야지 단순하게 먼저 배우고 연습을 위한 연습이 되는 선행학습은 적절하지 않다고 생각합니다.

선행 학습을 함으로써 공부할 내용을 먼저 알았다고 더 깊게, 더 넓게 공부되는 것이 아니고 다만 연습을 더 해본 것뿐이라고 생각합니다. 물론 안 하는 것보다 하는 것이 좋겠지만, 부모님 주도에 의한 선행공부가 아닌 자신이 스스로 선택하고 자기 주도적으로 하는 것이 바람직합니다.

부모의 입장에서 자녀가 지금 공부를 하지 않는다면 꿈을 세우고 공부의 필요성을 알고 스스로 공부를 선택할 때까지 믿고 기다려 주는 것이 답이라 생각합니다.

3.4 빨간색(기본서 - 수업시간)

> 수업시간에 책상에는 오직 기본서와 연습장, 볼펜 한 자루면 됩니다.
> 수업 중에 제시되는 중요사항(중요정보 등)을 적색으로 기본서에 표시합
> 니다.

'침팬지 공부법'은 수업(강의)시간에는 철저하게 강의에만 충실하는 것이 원칙입니다.

수업시간에 책상 위에는 오직 기본서와 연습장, 볼펜 한 자루만 있으면 됩니다. 휴대하는 펜의 종류는 4종(연필, 녹색, 빨강, 검정색)의 펜이 한 자루로 된 볼펜이 적정합니다. 이유는 수업 도중에도 기본서에 표시하고 연습장에 옮겨 적어야 하기 때문입니다.

물론 독학에 의한 공부(자격증 등)는 수업(강의) 과정을 생략하고 곧바로 다음 과정인 '자신의 노트' 작성으로 진행하면 되지만 어떠한 형태든 강의를 듣는다면, 기본서에 연필, 형광펜, 녹색 볼펜 과정을 마치고 강의 중에 제시되는 중요사항(중요정보 등)을 빨간색으로 책에 표시해주어야 합니다.

또한, 수업 이외의 정보들을 직간접적으로 접하게 되면 기본서에 즉시 별도의 표시와 함께 기록해두고 다음 과정에서 작성되는 '자신의 노트'에 보완해야 합니다.

그러므로 수업 중에는 빨간색 볼펜으로 기본서와 연습장에 강의내

용 모두를 받아 적을 수 있도록 집중해야 합니다. 그렇다고 '필기만 잘하면 오케이'가 아니라는 것쯤은 모두 알고 있을 것입니다. 수업 중에는 선생님(강사)의 눈을 봐야 합니다. 존경과 사랑 가득한 마음의 눈으로 말입니다.

3.5 검정색(자신의 노트 - 작성)

작성의 중요한 대원칙은 반드시 자신이 직접 자필로 적어야 한다는 것입니다. 젊은 학생일수록 이 점을 무시할 것으로 우려되는데 절대, 절대로 컴퓨터로 작성하면 안 됩니다. 이 원칙을 무시하려면 '침팬지 공부법'을 하지 않아야 합니다.

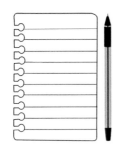

지금까지는 기본서를 통해 공부하는 것이었고, 기본서에는 찾아둔 단어의 뜻 정리와 단원별 형광색 표시와 중요 단어 밑줄치기가 완료된 상태입니다.

이제부터는 '침팬지 공부법'의 핵심인 '자신의 노트'를 작성하는 방법을 알아보겠습니다.

'자신의 노트'란?

큰 공부를 경험한 사람들은 '자신의 노트'를 영어로 sub-note라고들 합니다. 그런데 '자신의 노트'를 sub-note라고 한다면 기본서가 주인이고 '자신의 노트'는 보조로 전락되어 버립니다. '침팬지 공부법'은 자신의 영상매체물인 그림 즉 자신이 작성한 노트를 자기 스스로 만들어가는 원리의 공부법입니다. 그 영상매체물이 '자신의 노트'입니다. 이렇게 중요한 '자신의 노트'를 sub-note라 하지 않겠습니다.

스스로 이름을 붙이면 좋을 것 같습니다. 예를 들어 'OO의 노트', '자신의 합격노트', '자신의 족보', '나의 보물' 등으로 긍정적인 이름으로 정하고 활용하면 좋습니다.

이 '자신의 노트'는 초등학생이 중학생이 되어도 중학생이 고등학생이 되어도 보게 될 것입니다. 모든 지식은 체계과정이 반드시 존재하기 때문입니다. 결국 수능을 기준으로 한다면 12년에 걸쳐 배우게 되는 범위를 정해두고 학교 학년별로 나누어서 단계별로 배우는 것이 초·중·고 과정입니다. 이렇게 작성된 '자신의 노트'를 학년 중 받은 상장 등 추억물과 함께 제본하여 보관해두면 자신의 공부 역사가 보일 것입니다.

여러분이 지금까지 눈으로 보고 펜으로 기록하는 과정 속에서 이미 책의 핵심 내용은 소나무의 트리형상과 같이 여러분의 뇌 속에 자리 잡았습니다.

지금까지의 과정은 '자신의 노트' 작성을 위한 선행과정이라 할 수 있습니다. 이 과정이 없이는 곧바로 노트 정리가 거의 불가능합니다.

책 한권을 함축시키는 능력을 갖추지 못한다면 아마도 책 내용 대부분을 옮겨 적어야 할지 모를 일입니다.

'자신의 노트' 필요성은 책의 서두에서 설명한 바와 같이 침팬지의 영상기억법이 '자신의 노트'를 통해 실현되기 때문입니다.

지금까지 작성한 기본서 역시 영상기억법의 대상이 될 수도 있습니다. 그러나 단기적인 효과만 지니며 범위가 적은 시험에서만 가능합니다. 큰 시험에서는 통하지 않습니다.

큰 시험을 '자신의 노트' 작성 없이 도전하는 것을 컴퓨터와 비교해보겠습니다.

소나무의 솔잎 그림자까지 보아야 하므로 컴퓨터의 하드디스크 용량을 키워야 하고, 많은 양을 빨리 봐야 하므로 중앙처리장치(CPU) 속도도 높이는 업데이트를 해야 하고, 이는 인간에게 스트레스로 돌아옵니다. 그럼 공부는 또 싫어집니다.

큰 시험에서 영상기억법의 대상인 '자신의 노트'가 꼭 필요한 이유는 '자신의 노트'의 경우 기본서의 1/10 정도로 함축되고 여기에 문제 확인을 통한 중요핵심이 표기될 것이며 강의 주요내용까지 모두 포함되기 때문입니다.

이렇게 함축된 '자신의 노트' 한 쪽 한 쪽은 영상기억법의 영상매체가 되어 자신의 뇌 속에 사진 찍히듯이 기억될 것이며, 이것이 '침팬지 공부법'의 근본입니다,

'자신의 노트'가 준비되면 여러분은 어떤 시험에도 자신이 붙어 더 큰 시험에도 쉽게 도전할 자신감이 생기게 됩니다.

'자신의 노트' 작성법은 기본서에 표시된 것을 보면서 노트에 옮겨

적는 과정이므로 어렵지도 힘들지도 않습니다.

기본서를 바탕으로 '자신의 노트'에 옮겨 적는 방법은 다음과 같습니다.

'자신의 노트'를 작성하기 전에 우선 준비할 사항을 확인하고 구비하기 바랍니다.

- '자신의 노트' 양식 준비
  - 다운로드: 카페(http://cafe.naver.com/chimpstudy)
  - 종류: 책 표지 양식, 대단원 양식, 중단원 양식
  - 방법: 양면출력 후 3공 펀칭
- 준비물
  - 색지 2종(파랑, 노랑)
  - 복사지(80mg 이상)
  - 각종 펜: 굵기가 다른 검정색 펜과 3종(청색, 빨간색, 녹색) 볼펜, 3공 바인더철, 3공 펀치, 작은 막대자

준비를 마쳤다면, 다시 한 번 대원칙을 강조하고 시작하겠습니다.

작성의 중요한 대원칙은 반드시 자신이 직접 표기한 기본서 내용을 기초하여 자신의 자필로 직접 옮겨 적어야 한다는 것입니다.

책을 포함하여 남이 작성한 모든 것은 자신의 것이 아닙니다. 오직 자신이 자필로 작성한 것만이 자신의 것이 됩니다.

특히 주의할 점이 있습니다. 젊은 학생일수록 이 점을 무시하려 들 것으로 우려되는데 절대, 절대로 컴퓨터로 작성하면 안 됩니다. 이 원칙을 무시하려면 '침팬지 공부법'을 하지 않아야 합니다. '침팬지 공부

법' 즉 '영상기억법'의 원리는 그림 그리는 것과 비슷한 원리라 하였습니다. 컴퓨터로 정리하면 '침팬지 공부법'은 적용되지 않음을 명심하기 바랍니다.

글씨 크기는 한글 프로그램 폰트 10 이하 정도가 적당합니다. 작은 글씨를 못 써서 크게 쓰면 한 과목에서 '자신의 노트' 분량이 20쪽이 40쪽으로 늘어나게 됩니다.

영상기억법으로 기억될 사진 한 컷, 한 컷의 장수가 늘어나면 힘들 것입니다.

글씨는 잘 쓰든 못 쓰든 정성스럽게 작성하는 것이 좋습니다.

지금부터 검정색 볼펜과정인 '자신의 노트' 작성방법을 설명하겠습니다.

'자신의 노트'는 과목에 따라 분량과 작성방법도 약간씩 달라지는데 모두를 설명할 수는 없고, 자신이 제일 좋아하지 않는(못하는) 한 과목을 먼저 선택하여 '침팬지 공부법'으로 해 보고 시험장에서 영상기억법을 완벽하게 경험을 한 후에 다른 과목으로 확대 적용하기 바랍니다. 수학, 국어부터 시작하면 아마도 정리해서 옮겨 적기도 전에 무거운 짐에 억눌리는 듯한 압박감으로 포기하게 될지 모릅니다.

노트 작성에는 색지를 사용하는데 이는 단원별로 구분하여 시각화하는 방법이 효과적이기 때문입니다.

첫 번째: 과목명을 적습니다(청색 색지)

책의 첫 쪽이 될 것이므로 자신만의 방법으로 이미지를 포함해 과목명이 적힌 표지를 멋지게 디자인하고 후면에는 대단원을 트리구조로 작성하면 됩니다.

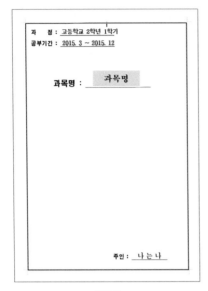

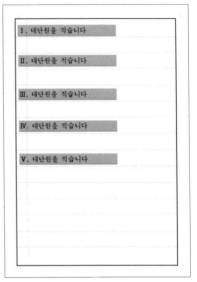

[전면]　　　　　　　　　　[후면]

두 번째: 대단원을 적습니다(노랑 색지)

노랑 색지 전면에는 대단원의 트리 형식으로 제목이 작성되고 아래로 연속하여 중단원, 소단원을 모두 작성합니다. 여백이 부족할 경우에는 뒷면까지 연속하여 작성하면 됩니다.

대단원이 5개라면 5장의 노랑 색지가 작성됩니다.

힘들더라도 자신의 공부역사 증빙자료가 될 것이므로 과목명과 대단원, 중단원까지만이라도 제목을 한문으로 작성해 보면 보다 더 효율적인 학습효과를 얻을 수 있습니다.

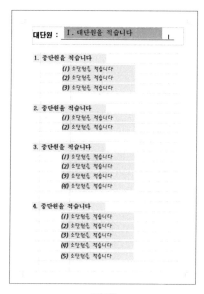

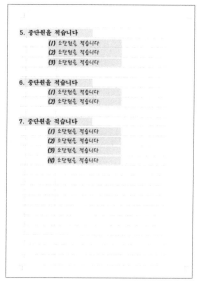

[전면]　　　　　　　　[후면]

세 번째: 중단원을 적습니다(일반용지)

복사 용지 한 장은 중단원 각 한 장에 해당됩니다. 작성해보면 알겠지만 대부분의 책은 복사지 한 장이면 중단원 내용 모두를 적을 수 있습니다. 소단원이 많아 전후면을 다 채우고도 부족하다면 양식 한 장을 더 추가하여 작성하면 됩니다.

이렇게 작성하면 책 한권에 5개의 대단원, 4개씩의 중단원일 경우 표지(1)+대단원(5)+중단원(20)으로 26장으로 작성되는 셈입니다.

중단원 양식의 좌측 상면에 대단원을 다시 작성하게 되어 있는 이유는 과목의 트리구조인 대-중단원의 연관성을 인식하기 위함입니다.

쪽을 붙이는 방법은 기본서의 표기방법을 그대로 사용하여 대단원

(Ⅰ·Ⅱ·Ⅲ…, 1·2·3… 등)의 첫 글자에 중단원(가, 나, 다…, 1·2·3… 등)을 붙여나가면 됩니다.

중단원에서 소단원의 분량이 많아 옮겨 적는 도중에 추가되는 경우에는 하이픈(-)을 긋고 1,2…)방법으로 붙이면 됩니다.

대단원, 중단원의 제목은 펜의 종류나 두께를 달리하여 구분해 사용하면 시각적인 효과를 얻을 수 있습니다.

[전면]

[후면]

네 번째: 소단원과 내용을 적습니다(일반 용지)

중단원 양식에 내용을 작성하는 것으로 소단원 제목은 약간 두꺼운 검정색 볼펜(1mm)을 사용하고 자를 이용해 밑줄을 그어두고, 주요 단어, 어휘, 문장을 순차적으로 옮겨 적으면 됩니다. 소단원이 끝나는 곳에서는 여분으로 3~5칸의 여백을 두고 다음 소단원을 시작하는 방법으로 계속 소단원을 작성하면 됩니다.

소단원의 내용을 '자신의 노트'에 옮겨 적는 요령을 설명하겠습니다.

글의 종류는 개조식과 서술식으로 구분할 수 있습니다.

개조식은 보고서 형식에서 주로 사용되는 방법으로 앞에 번호를 붙여 가며 짧게 끊어서 중요한 요점이나 단어를 나열하는 방식을 말합니다.

서술식은 이 책의 경우와 같이 말하는 사람이 듣는 사람에게 어떤 사실을 인정하여 전달하는 방식을 말합니다.

노트에 작성되어야하는 글은 두 가지가 혼용되는 개념으로 작성되는 것이 바람직합니다.

기본서에 표기된 핵심단어, 어휘들은 서술식의 내용을 함축시킨 것들로 그대로 옮겨 적으면 불완전한 문장들입니다. 즉 개조식 형태로 작성되게 됩니다.

개조식으로 그대로 옮겨 적어도 내용파악에 문제가 없다면 가급적 개조식으로 작성하고, 내용구성의 연결성이 부족하거나, 흐름을 설명하는 데 어울리지 않게 느껴지면 약간의 서술식(조사를 넣는 방법)으로 작성하는 것이 적당합니다.

'침팬지 공부법' 3단계에서는 입으로 소리내어 자신에게 설명하게 됩니다. 이때의 기초자료는 '자신의 노트'이고 구어체로 자신에게 설명하게 되는데, 지나치게 개조식으로 정리되어 있으면 내용의 흐름을 설명하는 데 어려움이 있을 수 있으니 자신의 역량대로 작성하면 됩니다.

지나치게 서술형으로 작성하게 되면 '자신의 노트' 쪽수는 많아집니다. 그러므로 가급적 개조식으로 표현하는 방법을 훈련해두어야 성인이 되어서도 업무하는 데 도움이 됩니다.

'침팬지 공부법'에서 '자신의 노트' 작성은 가장 핵심입니다. 이 과정이 있어야만 영상기억법이 완성됩니다. 그러므로 시험별, 과목별로 다소 시간이 걸리더라도 꼭 작성하기 바랍니다.

여기까지 완성되면, 예습의 과정을 자기 주도적으로 완성한 셈입니다.

방학 중에 다음 학기에 배울 새 책(기본서)을 통해 '자신의 노트' 정리를 끝냈다면 아마도 만점을 향해 도전하고 있는 상황일 것입니다.

자신이 찍은 사진은 기억하는 데 전시회 사진은?

자신이 직접 찍은 사진은 먼 훗날 사진을 봐도 당시의 상황까지 기억되지만, 남이 찍은 명작 사진전시회 사진은 기억이 잘 나지 않을 것입니다.

'자신의 노트'는 자신이 직접 정리한 자필 노트이고 이를 기본으로 여러 색의 볼펜으로 계속 업데이트 하고 반복하여 보는 과정에서 자신도 모르게 뇌 속에 한 장의 사진처럼 기억됩니다.

3.6 청색(자신의 노트 - 문제 확인)

문제는 푸는 것이 아니고 확인하는 것입니다.

첫 번째 과정의 '자신의 노트'를 완성시켰다면 공부할 준비를 마친 상태입니다. 이제는 성과를 더 향상시키기 위해 연습하고 추가적인 내용을 업데이트시키고 반복하는 과정만 남았습니다.

저자가 주변 사람들에게 '침팬지 공부법'을 코칭하다 보니 이 과정까지 완성하는 데 상당히 힘들어 하는 것을 봐왔습니다.

여러분 스스로 생각해보기 바랍니다. 지금까지의 과정을 마쳤다면 어떤 느낌이 들 것 같습니까?

개인별로 차이는 있겠으나 기본서의 노트정리만 끝내고 시험에 응한다 해도 70점 이상의 성적은 쉽게 달성할 것입니다.

저자의 둘째 자녀도 조금 늦게 공부를 시작하고 있는데 50점이하였던 성적이 노트정리만 해보고 문제 하나 못 풀어 보고서 시험에 응했는데 80점대를 성취하였습니다.

2단계 검정색 볼펜과정은 조금 힘들게 느낄지도 모르지만 잘 따라올 것이라 생각합니다.

검정색 볼펜으로 자신만의 노트를 완성하고 나면 이제부터는 설렁설렁 놀듯이 공부할 수 있을 것입니다.

다음 과정에 들어가기 앞서 여러분은 지금까지 문제풀이에 대한 관점 한 가지를 새롭게 정의하기 바랍니다. 문제는 푸는 것이 아니고 확인하는 것임을 인식해야 합니다.

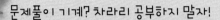

문제풀이 기계? 차라리 공부하지 말자!

문제풀이 기계가 되면 지금 당장은 시키니까 억지로 하겠지만 진정한 공부를 할 때 공부를 놔(체념, 포기, 방황 등)버릴 수 있습니다. 우리나라 대학생들이 대부분 고등학교 때보다 공부를 안 하고자 하는 심리가 여기에 있을 것으로 생각됩니다.

저자의 생각은 고등학교 때까지의 공부과정은 설렁설렁 해도 충분히 습득 가능하다는 생각입니다. 단, 방법을 지금같이 문제풀이 기계식으로 하지 말고 자기주도적인 방법으로 하는 것이며, 그 방법 중의 한 가지가 '침팬지 공부법' 입니다.

여러분이 문제를 푼다고 하면 문제를 풀 때마다 시험을 치르는 긴장된 스트레스가 연속되는 것입니다.

문제를 긴장상태에서 푸는 시기는 딱 한번 시험 때만이어야 합니다. 평상시에는 문제를 푸는 것이 아니고, 문제를 확인만 합니다.

평상시에는 문제와 답을 보면서 중요한 내용이 무엇이고, 문제유형이 무엇이고, 문제패턴은 이런 것이구나라는 것을 확인하는 과정만 거치면 됩니다.

문제를 확인하여 '자신의 노트'에 보완하는 목적은 시험에 출제되는 중요 핵심 내용이 무엇인지를 알아보는 것이고, 시험문제의 유형과 패턴을 확인하는 것입니다.

문제들을 확인해 보는 과정에서 자연스럽게 알게 되겠지만, 자신의 걸작품인 '자신의 노트'에서 어느 한 단원에서는 아무리 문제를 확인하여도 문제로 다뤄지지 않은 부분이 있음을 알 수 있게 됩니다.

이는 중요하지 않아서가 아니고 문제가 만들어지기 위한 사전 설명, 상식화되어 있는 지식요소, 문제구성 요건에 들어오지 않는 내용이기 때문에 문제화가 되지 않은 것이지 그 단원이 필요없는 것은 아닙니다.

지식정보를 전달하려면 전하고자 하는 목표와 함께, 이를 논증하는 과정, 논리, 결론의 형태가 포함되어야 지식정보를 전달하는 책으로써 가치를 지니게 됩니다. 물론 한국사와 같이 역사적 사실을 전달하고 이해하고, 해석하는 관점을 알아야 하는 과목도 있습니다.

책을 작성한 사람은 책의 내용 모두를 알고 있을 것이고 여러분은 모르기 때문에 다른 사람이 작성한 책을 보고 공부하고 있는 것임을 먼저 인정해야 합니다. 역으로 자신이 책을 집필할 수 있다면 그 분야를 공부할 필요가 없는 전문가가 되어 있을 것입니다.

'침팬지 공부법'에서 제시하는 '자신의 노트' 작성은 남이 써놓은 책과 문제집 그리고 강의내용을 모두 종합하여 자신의 방법으로 내 책을 쓰는 것과 같은 이치입니다. 그러므로 '자신의 노트'가 완성되고 이를 계속 보완해 나가면 자신은 책을 쓴 저자가 되어 공부의 자유를 얻을 수 있습니다.

자신만의 책인 '자신의 노트'를 계속 보완하고 완성시켜가는 과정 속에서 자연스럽게 학습이 반복되고 이것이 영상기억법에 의해 자신도 모르게 강한 기억으로 자리 잡게 되는 것이 '침팬지 공부법'입니다.

나중에 공부를 완성(?)하고 자신의 전문분야에서 책을 써보게 되면 그때 알게 됩니다. 진정한 지식의 완성은 자신이 직접 쓴 것만이 자신의 것이 되는 것이고 그 종류는 리포트, 논문, 책 등이 해당됩니다.

쉽고 편리하게 작성되어 있는 책으로 쉽고 편리하게 공부하면 쉽게 잊어버리는 것이 당연합니다. 다소 시간이 걸리더라도 자신이 직접 고민하고 연구하여 작성한 것이 더 오래 기억되는 것은 너무나 당연합니다.

어렵게 고생한 것은 오래간다.

'공부는 투자한 시간에 비례한다.', '쉽게 배우면 쉽게 잊게 되고 힘들게 배우면 오래토록 기억한다.' 여러분의 어린 시절 기억 중 지금까지 기억되는 것들은 대부분 마음이든 육체이든 힘들었던 것일 겁니다. 불편하고 지루할지라도 나중에는 그 기억이 더 오래 갑니다.

지금까지의 과정을 충실하게 수행했다면 기본서에 표기된 내용이 A4 용지 양면에 작은 글씨로 작성된 '자신의 노트'가 자신 앞에 놓여 있을 것입니다.

지금부터는 문제를 확인하고 '자신의 노트'를 보완하는 방법을 제시하겠습니다.

문제집의 답안지를 보면서 내용을 확인하여 '자신의 노트'에 해당되는 부분을 찾아 청색 볼펜으로 밑줄을 긋거나 빠진 부분의 내용은 옮겨 적으면서, 반복되는 부분에는 그 횟수를 자신의 방법으로 표현하는 과정입니다.

많은 문제집을 확인할수록 중요한 사항 또는 시험에 자주 나오는 문제의 핵심 단어 또는 어휘는 계속 밑줄이 그어지게 되는데, 이때는 한문 正(5회)자를 작게 표기하는 방법으로 문제를 확인한 횟수를 표기합니다. 그 이유는 3단계 '입으로'에 들어가서 설명해 드리겠습니다.

또한 문제를 확인하다 보면 틀린 것을 찾아내는 문제구성 방식이 존재하게 되는데 이때는 맞는 부분을 모두 찾아 표기를 하고 틀리게 설명하는 단어, 어휘, 유형을 표기해두고 ( ) 속에 × 표시(×)를 하여, 이런 내용으로 헷갈리게 알고 있는지를 확인하는 방법임을 인식하고 있어야 합니다.

수학 풀이과정 중 어느 부분에서 착오를 일으키면 틀린 답이 나오는 함정들이 존재한다는 것은 이미 경험하였습니다. 이러한 경우에도 '자신의 노트'에 착오를 일으킬 수 있는 그 내용을 간단하게 적고 (×) 표를 해두면 됩니다.

문제를 확인하였는데 문제 내용이 '자신의 노트'에 누락되었다면 문제를 확인하는 과정 속에서 '자신의 노트'를 즉시 보완하도록 합니다.

그런데 누락된 내용이 많을 경우 노트가 지저분해집니다. 기본서의 녹색 볼펜 밑줄 긋기 과정에서 중요 키워드 또는 어휘, 내용핵심을 찾지 못한 결과입니다.

이런 경우를 대비하여 소단원마다 구분하여 3~5칸의 여백을 확보하고자 했던 것입니다.

그래도 부족하다면 메모지를 사용하는 것도 방법이나 여러 개가 붙으면 핵심 내용을 보는데 방해가 되므로 아예 새 노트 양식에 다시 옮겨 적는 것이 수고스럽지만 좋은 방안이 될 수 있습니다.

문제를 확인하다 보면 또 한 가지 애로사항이 발생하게 됩니다. 바로 그림이나 표입니다. 해결방법은 이것들을 '자신의 노트' 여백에 옮겨 그리기입니다. 물론 문제집에 있는 그림을 그대로 옮겨 그릴 수 있으면 좋겠지만 쉽지 않은 일입니다. 똑같지 않더라도 가능한 함축하여 자신의 그림 실력으로 그리는 것이 가장 효율적인 방법입니다. 그래도 그림 그리기가 어렵다면 한 가지 방법이 있습니다. 문제집에 나와 있는 그림을 아주 작게 축소 복사하여 붙이면 됩니다. 비용과 시간 그리고 번거로움이 요구됩니다.

지금까지 설명한 방식으로 문제를 확인만 하고 넘어 가면서 '자신의 노트'에 표기를 하고, 빠진 내용은 보완하고, 그림과 표를 자신의 방법으로 함축하여 표현해 두는 과정이 '청색 볼펜 과정'입니다.

문제집을 몇 권 또는 몇 회차를 풀어보느냐에 따라 '자신의 노트'는 노트 넘김이 무한대에 가깝게 이루어질 수 있습니다.

문제를 확인하는 과정에서 항상 생각해봐야 하는 사항은 바로 시험 출제자의 마음입니다. 시험 출제자가 무엇을 낼 것인지를 예측할 수 있다면 더 이상의 고민은 필요 없습니다.

시험은 공부한 결과를 알고 있는지 모르고 있는지 확인하기 위한 방법에 불과하고, 확인하는 방식을 4지 선다형, 5지 선다형, ( )넣기, 줄긋기, 단어쓰기, 서술하기, 설명하기, 논술하기 등으로 구분하여 시행하는 것입니다.

지금 여러분이 확인하고 있는 문제들은 모두 기출문제든 문제은행이든 모두 과거의 문제들입니다. 과거의 문제들 속에 출제자의 생각이 담겨 있는데, 여러분은 과거의 문제를 통해 '출제자가 어느 단원 어느 내용이 중요하다고 생각하고 수험자가 알고 있는지 여부를 어떤 식으로 문제를 만들어 출제했구나'까지 확인할 수 있습니다.

큰 시험의 경우 시험 전에 사전공지를 하도록 되어 있는데, 시험 목적은 무엇이고 출제방향은 무엇이고 어떤 문제의 패턴으로 출제된다는 것, 즉 응시자는 사전공지를 통해 출제자의 마음을 사전에 확인하고, 문제집을 통해 어느 부분을 어떻게 출제하였는가를 확인할 수 있습니다.

출제자는 출제방향 외에 최소한 두 가지를 더 생각하고 문제를 만들어야 합니다. 출제의 패턴(난이도 포함)의 일관성을 어느 정도 유지하고, 기출문제이든 시중에 판매된 문제집의 문제이든 동일하게 출제하지 않도록 모두 검토하여 과거문제와 동일하지 않은 항상 새로운 문제를 출제해야 합니다.

시험에 내야 할 지식정보의 범위와 깊이는 한정되어 있는데 시험 때마다 항상 다른 문제를 만들어야 하는 출제자분들의 고생이 이만저만이 아닙니다.

수능시험 문제의 경우 정말 많은 선생님들이 며칠 동안 고민하고 검토하여 만들었음에도 난이도에 실패했다 또는 문제의 오류가 있다는 등의 논란을 매년 일으켜 왔습니다.

보편적인 선다형 시험의 경우 대부분 과거 문제를 기초하여 응용하는 수준의 문제가 출제될 수밖에 없고 이를 염두에 두어 '자신의 노트'에 보완한다면 이 노트는 나를 시험으로부터 지켜주는 보물이 될 것입니다.

저자가 중학교에서 있었던 에피소드 한 가지를 소개하겠습니다. 그 시절에는 중간, 기말시험이 끝나면 학년별 전체 성적순위를 1등에서 꼴등까지 실명을 순위대로 적어 복도 위쪽 벽에 길게 전시(?)해 두었습니다.

그래서 학생들 간 성적을 서로 알고 있었는데, 우리 반 한 아이는 수업태도나 공부량이나 실제로 알고 있는 지식이나 모든 상황을 보아도 결코 상위권 성적이 나올 수 없는 아이였는데 3학년이 되면서부터 시험만 보면 반에서 2~5등을 하는 것이었습니다.

나중에 이 비밀이 공개되면서 학교 내부에서 큰 문제가 제기되었는데 이유는 선배가 준 족보였습니다. 그 족보는 다름 아닌 1~2년 전 기출문제였던 것입니다.

당시만 해도 시험문제를 선생님들이 직접 만들어 내야 했으므로 출제가 귀찮은 선생님들은 전년도 또는 그 전년도 기출문제에서 그대로 출제하거나, 예문 순서를 바꾸는 정도로 출제를 했던 것이었습니다.

70년대만 해도 지금같이 문제집이 많지도 않은 어려운 시절이었기에 있을 수 있는 에피소드였습니다.

오답관리의 중요성

자신의 최종 목표시험 합격까지 여러 유형의 공개시험(모의고사 등)을 보고 난 후 오답에 대해서는 반드시 '자신의 노트'에 자신이 좋아하는 색 볼펜으로 보완을 해두어야 합니다.

사람은 신기하게도 한번 실수한 사항은 또다시 비슷한 상황에 직면하면 또 실수하는 경향이 많습니다. 그러므로 ☆표 등을 통해서 별도로 보완을 해두어야 합니다.

그리고 3단계인 입으로 과정에서 더욱 강조하여 자신에게 설명하고 다시 실수하지 않도록 합니다.

일반적인 문제집은 푸는 것이 아니고 확인하는 것임을 다시 한 번 강조합니다. 풀면 오답이 발생되지만 답을 보고 확인한다면 오답은 없습니다. 시험은 동시에 같은 문제를 여러 사람이 한꺼번에 응시한 것만 시험입니다. 이때만 오답이 존재하게 됩니다.

3.7 녹색(자신의 노트 - 기본서와 노트 합체)

자신의 노트에 맞춤법이 틀리거나 숫자가 틀렸다고 고치고 싶을 때 수정 테이프로 덧칠하지 않아야 합니다.

'자신의 노트'에 세 번째로 작성되는 색은 녹색입니다. 녹색으로 작성되는 마지막 내용은 바로 기본서와 '자신의 노트'의 합체입니다.

요령도 시간도 간단합니다. 방법은 기본서와 '자신의 노트' 진도를 같이 하면서 다시 한 번 비교 검토해 보면 분명 '자신의 노트' 내용에 미흡한 점이나 고치고 싶은 부분이 눈에 띄게 됩니다. 미흡한 점은 보완하면 됩니다. 하지만 맞춤법이 틀리거나 숫자가 틀리는 등 고치고 싶은 내용에는 수정 테이프 등으로 덧칠하지 않아야 합니다. 틀리게 적었다면 삭제 줄을 긋고 위에 올바른 것을 적어야 합니다.

그 이유는 지금까지 영상기억법의 매체가 '자신의 노트'인데 매체의 특징 추가는 파노라마처럼 기억하나 변경(수정액 덧칠)은 기억하지 못하여 근본이 흔들리기 때문입니다. 수정 테이프 사용 시기는 딱 한 번입니다. 검정 볼펜으로 기본서를 옮겨 적을 때뿐이어야 합니다.

추가내용을 적거나 밑줄을 그을 때에도 글씨는 작게, 내용은 간단명료하게 함축적으로 적어야 합니다.

기본서와 자신의 노트를 비교하는 과정에서 여러분이 내용을 충분히 파악했고 문제도 확인했음에도 불구하고 어떤 부분이 마치 처음

보는 내용과 같이 새롭게 눈에 들어오는 경험을 하게 됩니다. 그런 내용들을 '자신의 노트'에 녹색으로 밑줄을 긋는 보완 과정을 거쳐야 합니다.

이 과정을 거치는 이유는 기본에 충실하기 위해서입니다.

3.8 빨간색(자신의 노트 – 친구와 선생님)

> 저자가 고등학생 때 전교 1등을 놓치지 않은 친구의 가방을 보고 깜짝 놀랐던 기억이 납니다. 이 친구 가방에는 오직 교과서와 연습장뿐이었습니다.

마지막 과정으로 '자신의 노트'에 수업(강의) 내용을 수시 보완하는 것입니다. 수업(강의)시간에는 항상 중요하게 특별히 강조되는 내용이 존재합니다. 또한 정보에 밝은 친구들이나 선배들을 통해서도 중요한 정보를 얻을 수 있습니다. 이를 연습장에 적어두었다가 집에서 '자신의 노트'에 보완하도록 합니다.

수업시간에는 철저하게 해당과목 수업에만 충실합니다.

수업시간에 빨간색 펜으로 기본서나 연습장에 표기하여 집으로 돌아와 '자신의 노트'에 빨간색으로 재보완작업을 하도록 합니다.

고등학생 때 전교 1등을 놓치지 않은 친구 가방을 보고 깜짝 놀랐던 기억이 납니다. 이 친구 가방에는 오직 교과서와 연습장뿐이었습니다. 수업 중에는 항상 해당교시 교과서와 1권의 연습장만 펼쳐두고 수업 중에는 노트필기는 연습장에 빠른 글씨로 낙서하듯이 적고 교과서에도 뭔가를 표기하면서 선생님의 눈만 바라보는 것이 전부였습니다. 그리고 시험공부 때는 교과서만 뒤적이고 친구들과 이야기하면서 얻은 정보는 교과서 해당부분에 강조표기를 해두는 것이었습니다. 문제풀이는 아마도 집에서 하는 것 같았고 학교에서는 친구들 문제집을 잠깐잠깐 빌려보는 것이 전부였습니다. 아마도 그 친구는 그때부터 남과 다른 공부법이 있었고 뭔가 알고 있었기에 시험 때 밤새워 공부하지도 않고 좋은 성적을 얻었던 것으로 보입니다.

여러분의 책가방에는 무엇이 들어 있습니까? 요즘 학교에서는 사물함을 제공하여 교과서를 두고 다니는 것이 일반적인데 조금 이해하기 어렵습니다. 수업시간에 선생님께서 참고서를 들고 수업하지는 않을 것입니다. 수업시간에는 교과서와 연습장 한 권과 색볼펜 한 자루면 됩니다.

그리고 집에서는 수업 내용을 복습 삼아 '자신의 노트'에 업데이트합니다.

업데이트 과정에서 주의할 점은 임시적인 자료를 끼워 놓거나 메모지를 장기간 붙여두지 말고 즉시 즉시 보완하라는 것입니다.

여기까지가 2단계 '손으로'의 마지막 과정입니다.

지금까지 과정을 다시 한 번 되돌아보겠습니다. 자신이 공부하는 이유를 잊지 말아야 합니다.

올바르게 살겠다고 약속하였습니다.

자신의 삶의 방향을 정의하였습니다.

자신의 꿈을 자신이 선택하고 계획도 세웠습니다.

공부는 그 꿈을 이루어 가는 과정이자 훌륭한 도구임을 인식하였습니다.

공부는 그냥 열심히 하는 것보다는 원리와 방법을 알고 하기 위해 '침팬지 공부법'을 자신의 공부 방법으로 적용할지 알아보고 있는 중입니다.

'침팬지 공부법'은 영상기억법으로 실현되는 원리입니다. 영상기억법의 포인트는 바로 무엇을 자신의 매체로 할 것이냐입니다.

그 매체는 바로 '자신의 노트'이고 지금까지 작성 방법을 배웠습니다.

이 과정 속에서 공부라는 개념보다는 설렁설렁 자료를 정리하는 개념으로 공부가 되는 것임을 확인하였을 겁니다.

이 과정 속에서 자신만의 산출물인 '자신의 노트'가 완성됩니다.

'자신의 노트'에는 모든 것이 함축되어 정리되어야 합니다. 참고서적과 문제집은 한 번 보고 '자신의 노트'에 옮겨 정리한 후에는 휴지통에 넣어도 무방합니다. 두 번 보지 않게 될 가망성이 높기 때문입니다. 그러므로 참고 서적과 문제집은 한 번 볼 때 정확히 보고 '자신의 노트'에 보완하고 자신 있게 버릴 수 있어야 합니다.

흔히 공부는 예습 복습을 잘하면 된다고 합니다. 물론 쉽지 않습니다.

공부는 종이와 펜을 가지고 마치 놀듯이 '자신의 노트'에 계속적으로 업데이트하면서 자신도 모르게 예습 복습하는 것이 지겹지도 지치지도 않고 편하게 즐기면서 설렁설렁 할 수 있는 방법입니다.

다만 중고생이라면 학기 중에는 시간적으로 부족할 수 있고 이에 따라 기본서 과정까지만이라도 선행 예습을 방학 중에 마쳤다면 아마 수업시간이 즐거울 겁니다. 선생님을 긴장하게 하는 질문도 할 수 있습니다. 수업시간은 자신이 이해가 안 되는 부분을 확인하고 알고 있는 것을 복습하고 탐구하는 시간이 됩니다.

100점 맞은 친구는 꼭 있다!

학교에서 실시되는 중간, 기말고사에서 수업 중 자세한 설명도 없었던 부분에서 시험문제가 집중되면 학생들의 원성이 많을 것입니다. 그러나 이런 상황 속에서도 (학년 전체 평균 60점대라 해도) 100점 맞은 친구는 신기하게도 존재합니다. 그 친구가 혹시 자신이라면 아마도 지금 이 공부법 내용 중 공감하거나 자신도 모르게 이런 공부법의 응용 버전을 공부하고 있다는 사실을 발견할 것입니다. 수업시간에는 선생님과 사랑을 나누어야 합니다. 그래야 자신도 선생님의 사랑을 성과(성적)로 돌려 받습니다.

친구와 함께하는 공부가 더 깊게 멀리 갑니다.

여러분은 공부하는 이유는 모두 알고 있고, 공부를 보다 더 효율적이고 확실하게 기억되는 방법을 찾고자 '침팬지 공부법'을 읽고 있을 것입니다.

제안하는 한 가지 방법은 자신과 같은 종류의 공부를 하는 친구를 만나 함께하기 바랍니다.

1등 하는 사람이 아니고, 동일한 분야를 공부하는 사람입니다. 초·중·고·대학생은 당연히 학교 친구들 중 공부를 하려는 사람, 사회에서는 동일한 목표의 시험을 준비하는 사람이 대상입니다. 이외에 스터디 그룹원도 될 수 있고, 동일한 과목을 듣는 사람도 될 수 있고, 도서관 이용자도 될 수 있습니다. 이러한 좋은 친구(선후배)와 함께 한다면 성공에 조금 더 가까워지고, 지치지 않고, 포기하지 않고, 원하는 목표대로 나아갈 수 있을 것입니다.

춤추기를 좋아한다면 아마도 주변에는 춤을 함께하는 사람이 많을 것입니다. 노래를 좋아하고, 어느 특정 가수를 좋아하고, 어떤 배우를 좋아하고, 이야기 나누는 것을 좋아한다면 당연히 끼리끼리 만나서 친구가 됩니다.

사람은 군을 이루는 사회적동물이기 때문입니다. 자신이 지금 무엇에 관심을 갖느냐에 따라 자신의 주변에도 자신과 비슷한 사람들과 어울리면서 군을 이루며 살아갑니다.

지금 '침팬지 공부법'을 읽는 목적은 아마도 효율적인 공부 방법을 찾고자일 것입니다. 그렇다면 같이하면 즐거우나 공부와는 조금 거리가 먼 친구들은 잠시 자신의 공부목표를 달성한 후로 미루고 공부하는 친구, 그것도 자신보다 좀 더 잘하거나, 열심히 하거나, 정보수집 분석이 탁월하거나 하는 좋은 친구를 사귀어 함께하도록 합니다.

주의할 점은 자신을 먼저 되돌아 보는 것입니다. 친구 하고 싶은 친구도 자신을 친구로 받아줄지는 상대방이 판단하여 결정할 것입니다.

자신은 좋은 사람?

함께하는 사람이 누구냐에 따라 인생의 방향이 좌우됩니다. 흔히 어른들은 그 사람의 친구 몇 명만을 보고도 그 사람에 대해서 대부분을 파악해 낼 수 있다고 합니다. 자신의 친구, 즉 함께하는 사람이 어떤 사람이냐에 따라서 자신의 인생에도 상당한 영향을 받게 됩니다.

안타까운 점은 자신이 상대방에게는 어떠한 영향을 주는 사람이냐를 알고 있느냐는 것입니다. 부모님들은 대부분 자식이 친구를 잘못 만나 저렇게 되었다는 말씀들을 잘 하시죠? 하지만 그에 앞서 자신은 주변 친구들에게 좋은 영향을 주는 사람인지, 부정적 영향을 주는 사람인지를 먼저 생각해 봐야 할 것입니다.

4 [3단계] 시끄럽게 입으로 소리 내세요

4.1 나는 선생님, 나는 학생

인간의 뇌는 정말 어마어마한 능력을 갖고 있습니다. 글을 쓰는 것(손)에 3배 빠른 것이 말하는 것(입)이고 말하는 것에 3배 빠른 것이 눈으로 읽는 것이고 눈으로 읽는 것의 3배 빠른 것이 생각(뇌)이라 말한다 해도 대부분 공감할 것입니다.

지금까지 "1단계 눈으로"를 마쳤고, "2단계 손으로"를 완성하면서 '자신의 노트'가 만들어 졌습니다. 인간의 학습방법은 눈, 손, 입, 귀, 체험이라 할 수 있습니다. 3단계에서는 '자신의 노트'를 눈으로 보면서 입으로 소리를 내고 귀로 들으면서 자신의 몸에 체화해가는 과정입니다.

자신이 자기 자신을 가르치는 선생님이 되고 학생인 자기 자신이 듣는 상황설정으로 강의하듯이 긍정적으로 설명해봅니다.

'자신의 노트'는 대부분 개조식으로 작성되어 있을 것이며, 완전한 구어체의 문장 형태로는 작성되지 않습니다. 이러한 불안정한 문장을 소리 내어 읽을 때는 구어체 형태의 완전한 문장으로 읽어야 합니다. 즉 조사와 수식어를 붙이면서 자신에게 강의하듯이 긍정적인 구어체를 사용하여 소리 내어 읽도록 합니다.

영상기억법의 매체물이 '자신의 노트'는 일정 부분 뇌 속에 각인되어 있으나 선다형 마지막 과정인 '입으로'의 과정을 수행하면 보다 더 명확하게 기억되어 '자신의 노트' 내용이 자신에게 체화될 것입니다.

읽을 때는 긍정문으로 읽어야 하는데, 긍정의 마인드에 관한 시너지 효과는 언급하지 않아도 모두 잘 알고 있을 것입니다. 한 마디로 인생을 좌우하는 것이 자신의 생각인데 그 생각을 긍정적으로 하는 것이 당연하고, 그 표현의 방법은 대부분은 말(소리)입니다.

그런데 말이란 것은 하는 사람이 있고 듣는 사람이 있어야 하는데 3단계에서의 소리를 내어 읽는 것은 자신이 말하는 사람이고 자신이 듣는 사람이 되게 됩니다. 결국 자신 스스로가 자기 자신에게 말하는 것인데 이때 '자신의 노트' 내용을 긍정적인 말로 풀어서 설명하면 됩니다.

말의 내용 구성은 선생님 식으로 가르치듯이 말하고 제자처럼 질문하고 답하는 자문자답 방식으로 합니다.

예를 들자면 지금까지 1단계 눈넘김을 했던 방법대로 '자신의 노트'를 책 넘김하면서 자신에게 설명하는 요령은 '선생님: 이 책의 과목은 ○○이고 이것을 배우는 목적은 ○○이며 이 과목의 대분류는 ○○과 ○○과 ○○으로 분류되어 있고 ○○의 대분류 속에는 ○○과 ○○과 ○○으로 중분류하여 대분류의 ○○를 설명하고 있다. ○○의 중단원 속에는 ○○과 ○○과 ○○을 주제로 중분류의 ○○을 설명하고 있는데

대분류 ○○, 중분류 ○○ 소분류 ○○의 내용은 ○○이다.'

'제자: 그런데 ○○○은 무엇을 말하는 거지?'라는 형식으로 이루어질 것입니다. 혼자서 자문자답하게 될 것입니다.

즉 소단원의 내용을 설명하기 전에는 반드시 대분류-중분류-소분류까지를 다시 한 번 상기시키고 세부내용을 선생님처럼 설명하는 것입니다.

소리 내어 읽을 때는 연필을 들고 하는데, 그 이유는 개조식으로 작성된 '자신의 노트'는 강의식으로 말을 구성하고 읽다 보면 조사를 붙여 앞뒤 문장과 자연스럽게 연결해야 할 필요가 있기 때문입니다.

대부분 말로 자연스럽게 설명되겠지만 이상하게도 설명이 잘 안 되는 구간이 있다면 이러한 구간에서는 연필로 구어체의 추가글을 작성하도록 합니다.

머리로가 아닌 입으로 강의하듯이 긍정적인 말로 소리내어 하는 것이 3단계의 대원칙임을 잊지 말기 바랍니다.

'자신의 노트'에는 구어체로 작성되어 있지 않아 처음에는 당황스러울 수 있으나, 지금까지 여러 과정들이 자신도 모르게 세부적인 배경내용까지 파노라마처럼 떠오르면서 해결될 것이므로 걱정하지 않아도 됩니다.

인간의 뇌는 정말 어마어마한 능력을 갖고 있습니다. 글을 쓰는 것(손)에 3배 빠른 것이 말하는 것(입)이고 말하는 것에 3배 빠른 것이 눈으로 읽는 것이고 눈으로 읽는 것의 3배 빠른 것이 생각(뇌)이라 말한다 해도 대부분 공감할 것입니다.

잠시 책 읽는 것을 멈추고 지금까지의 침팬지 공부법 내용을 생각해 보기 바랍니다. 잠깐의 생각에서도 공부 자격, 삶의 정의, 꿈, 1단계와 2단계의 세부내용들이 파노라마처럼 스치듯 떠오를 것입니다.

그런데 말로 자기 자신에게 강의하듯이 설명하다 보면 신기하게도 무엇을 빼먹고 설명하는 듯한 불완전한 부분을 발견하게 됩니다. 이때는 녹색 볼펜으로 기본서를 참조하여 다시 보완합니다. 그림을 그리다가도 보완할 부분을 발견하면 그때그때 수정하는 것과 같습니다.

말은 빨리 하려 하지 말고 '자신의 노트'를 천천히 넘기면서 차분하게 설명하는 것이 좋습니다. 마치 자신의 앞에 자기 자신이 앉아있다는 생각으로 천천히 또박또박 말을 긍정적으로 하도록 합니다.

4.2 나는 아나운서

말이란 하는 사람과 듣는 사람이 존재하므로 발음을 정확하게 천천히 하는 것이 전달도 잘되고 머릿속에 기억도 명확하고 깊게 자리 잡게 됩니다.

최종적으로 만들어진 '자신의 노트'는 그림과 같이 완성된 소나무 한그루와 같습니다

선다형 공부법은 정해진 정의, 명제, 역사적 과거 사실을 배우는 단계로 배경(소나무의 배경)까지 파악하지 않아도 되는 공부입니다.

마지막으로 소리 내어 읽는 방법을 설명하겠습니다. 이 과정을 여러 번 반복할수록 그림은 보다 더 세밀하게 구체화되어 자신에게 체화될 것입니다.

여러분은 혹시 종교 활동을 해본 경험이 있거나 지금 활동하고 있는지요? 만약 그렇다면 여러분은 이미 경험했습니다.

종교행사 프로그램에서는 왜 소리를 내어 읽고, 명확하게 발음하고, 음율을 붙여 각종 기도 등이 이루어질까를 생각해본 적 있습니까? 대부분 종교 활동의 공통점입니다.

기도문은 일정한 음역대와 빠르기로 소리냅니다. 이유가 무엇일까요? 물론 다수가 합창으로 하기 위함도 있지만 명확하게 발음하면서 소리내어 읽어야만 자신의 마음속에 굳건히 자리 잡고 가치관을 정립시키는 역할을 담당하기 때문입니다.

자기 자신이 하는 말을 자기 자신이 듣고 자기 자신의 생각과 가치관을 각인시켜 주기 위해서 소리 내어 천천히 명확하게 발음하여 낭송합니다.

중얼거리듯이 소리 내면 진도는 빨리 나갈지 모르나 그 소리를 듣는 자신은 중얼거리는 소리를 듣고 명확히 기억하는 데 무리가 생깁니다. 어떤 선생님도 중얼거리듯이 가르치지 않습니다. 별도의 발성 연습까지 거쳐 선생님이 되신 분들입니다.

말이란 하는 사람과 듣는 사람이 존재하므로 발음을 정확하게 천천히 하는 것이 전달도 잘되고 머릿속에 기억도 명확하고 깊게 자리 잡습니다.

이같은 원리가 3단계의 시끄럽게 소리 내어 자신을 가르치는 원리입니다.

선다형의 학습 방법은 결정된 지식정보를 오직 눈으로 보고, 손으로 쓰고, 소리 내어 읽는 것이 전부입니다.

지금까지 설명한 1단계부터 3단계까지가 이 원칙에 대한 설명입니다. 여기까지만 충실히 하여도 만점에 도달하는 분이 있을 것입니다.

4.3 시험 보기 연습

> '자신의 노트' 에 함축되지 않은 내용이 시험에 나온다면 틀리겠다'
> 라고 마음먹을 정도로 '자신의 노트' 와 자신의 공부량에 대한 믿음
> 을 갖는 것이 중요합니다.

스스로 예비시험을 보는 것은 자신을 시험과 동일한 패턴으로 체화시키는 것입니다. 그러므로 큰 시험의 경우는 시험시간과 동일한 예행연습이 꼭 필요합니다.

시험은 학교시험과 일반인 시험이 구분되는데 학교시험의 경우 학교별로 수업진도가 다르기 때문에 예비시험이 존재하지 않으나 고학년이 되면 수능 모의고사가 있어 시험과 동일한 예행연습이 가능합니다.

일반인의 경우 예비 시험은 시험과 동일한 과목, 시간, 문항 수를 스스로 시험 보는 것입니다. 물론 답도 보지 않습니다. 예비 시험을 보면서 유의할 점은 바로 정답을 알 수 없는 모든 문제는 먼저 표기

를 해두고 풀어야 합니다. 찍어서 맞았거나 비슷해서 맞은 문제는 틀린 것과 같습니다. 본시험은 문제집 문제와 동일하게 출제되진 않기 때문입니다.

해답결과 틀린 문제나 헷갈린 문제는 '자신의 노트'에서 해당되는 부분을 찾아 다시 오답노트 개념으로 보완합니다. 여러 단원이 종합된 문제라면 해당 단원을 모두 찾아야 합니다. 그리고 왜 틀렸는지, 왜 헷갈렸는지를 알 수 있도록 표기하도록 합니다.

보완한 부분에서는 다시 한 번 3단계 '입으로 하세요'의 방법대로 소리 내어 자기 자신에게 다시 가르쳐야 합니다. 설명은 역시 대단원-중단원-소단원-세부내용으로 트리구조로 합니다.

이러한 방법으로 시험일 며칠 전까지 계속적으로 보완해 나갑니다.

지금까지의 과정이 성실하게 수행되었다면 '자신의 노트'는 검정색, 청색, 녹색, 연필, 빨간색으로 색칠이 되어 있을 것입니다.

이렇게 정리된 '자신의 노트'는 자신의 최고 보물이 됩니다. 시험 몇 일전부터는 시험 시작 전까지는 오직 '자신의 노트'를 이용하여 공부합니다. 만약 '자신의 노트'에 함축되지 않은 내용이 시험에 나온다면 틀리겠다고까지 마음먹을 정도로 '자신의 노트'와 자신의 공부량에 대한 믿음을 갖는 것이 중요합니다.

시험에 임박하여 기본서나 기타 문제집, 참고서를 쳐다보면 영상기억법에 혼란이 발생합니다. '자신의 노트'를 철저하게 믿어야 합니다.

선다형의 마지막 과정인 체화의 중요성을 다시 한 번 강조하자면, '자신의 노트'를 보면서 각 쪽마다 파노라마처럼 기본서, 문제집, 참고서, 수업내용 등의 업데이트 상황이 머릿속에서 스쳐 지나갑니다. 그

것은 색상으로 구분되어 있고 자신이 직접 작성하였기 때문에 명확하게 떠오릅니다. 분량은 기본서의 약 1/10 정도까지 축소되어 있어 시험 하루전에 전과목을 불과 몇십 분만에도 볼 수 있습니다.

읽을 때는 첫 장부터 한 번에 끝까지 읽어나가면서 노트 상단에 표기된 대단원, 중단원을 통해 책 전체의 트리를 연상하면서 한 쪽 한 쪽에서 있었던 상황을 느껴보기 바랍니다.

그런데 읽다 보면 신기하게도 자신이 글을 썼고 수차례 보았음에도 생소하게 느껴지는 부분이 나타납니다. 그 사이 망각하였거나 옮겨 적을 때 다른 생각하면서 필기만 한 내용들입니다. 이때는 자신이 좋아하는 색연필로 해당단어 또는 어휘글자 영역에 가볍게 밑줄을 그어 부각시켜주면 됩니다.

그리고 이렇게 시험보기 전까지 최소 10번 이상을 읽어야 합니다. 실질적인 시간은 한 쪽당 불과 5분 정도 밖에 소요되지 않습니다. 반복될수록 빠르게 받아들여지면서 3번째부터는 아마 '말이 늦다'라는 생각이 들 정도가 됩니다.

이러는 과정에서 자신의 뇌에는 '자신의 노트'가 한 쪽씩 사진처럼 찍히게 됩니다. 시험을 볼 때 문제를 보는 순간 '자신의 노트'가 파노라마처럼 앞뒤로 돌아가면서 문제에 해당되는 쪽에서 멈추어 떠오르게 될 것입니다.

특정 단원이 아닌 종합 문제일지라도 필름을 앞뒤로 돌리면서 분석하고 비교하여 정답을 찾아갈 수 있습니다. 이것이 바로 침팬지 영상 기억법에 의한 공부법의 완성입니다.

이렇게 해서 선다형에 대한 설명을 마치겠습니다.

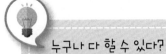

누구나 다 할 수 있다?

침팬지 공부법을 여기까지 읽은 여러분 중 몇 분은 아마도 이런 생각이 들었을 수 있습니다. '이렇게 한다면 만점 못 받는 것이 이상하겠다', '내 생각에는 이렇게 하는 것이 더 좋겠어!' 등등….

생각보다 중요한 것은 행동입니다.

자신의 방법이 더 효율적이다는 생각이 있다면 우선 그렇게 행동해보고, 최선을 다했음에도 결과가 만족스럽지 못하다면 새로운 방법을 물색하게 됩니다. 이때 이 침팬지 공부법을 대안으로 검토하여 자신의 것으로 승화시켜보기 바랍니다.

4.4 영상기억법 체험

영상기억법은 수십 차례를 가볍게 반복하는 과정 속에서 자동으로 기억되는 방법입니다.

시험시간에 선다형 문제를 보는 순간 답들이 눈에 들어오는 놀라운 체험이 바로 영상기억법의 체험입니다.

침팬지 공부법을 모르는 학생이라 할지라도 비슷한 체험을 경험한 적이 있을 것입니다. 절대적인 공부량이 많은 학생이 여기에 해당됩니다.

이들은 시험문제를 푸는 과정에서 제시문을 읽고 예제를 보는 순간 틀린 것이든 맞는 것이든 눈에 바로 들어오는 현상을 체험할 수 있는데 이 역시 잠재의식 속에서 영상기억법이 작용했음을 의미합니다.

문제를 푸는 과정에서 고민하는 과정 없이 정답을 찾아내는 것이 침팬지 공부법의 효과입니다.

이것이 가능한 이유는 지금까지의 과정 속에서 찾아볼 수 있습니다. '자신의 노트' 정리를 하기 전에 기본서의 내용을 대부분 이해한 상태에서 '자신의 노트'를 작성하였고 이후에 문제 확인 및 수업내용 등으로 계속 보완하였습니다.

이 과정 속에서 여러분은 수없는 '노트 넘김'을 했어야 했고, 정리된 노트를 들고 자신에게 가르치기까지 하였습니다.

몇 번이나 반복했을까요? 자신도 모르게 지루함 없이 아마도 20~30여 회는 거뜬하게 넘겼을 것입니다.

지금까지 여러분은 한 번 보고 암기하려는 식으로 공부를 해왔을 것입니다. 즉 한 번에 집중 반복하여 암기하는 것이 공부가 아니고 그림 그리듯이 수십 차례를 가볍게 반복하는 과정 속에서 자동으로 기억되는 방법이 오래 기억되고 확실하게 기억되는 침팬지 공부법입니다.

영상기억법, 이미지 기억법 등에 관하여 알고 있을 것입니다. 영어 단어 등을 이미지로 기억하면 단순암기식보다는 분명 효과가 좋습니다. 침팬지 기억법 역시 A4 한 장 한 장이 하나의 이미지 즉 그림 그리듯이 보완되면서 완성된 쪽이 뇌에 사진처럼 각인되고 시험을 보게 되면 사진 한 컷 한 컷이 영화 한 편을 보는 듯한 효과를 줍니다.

국어든, 영어든, 수학이든, 어떠한 과목일지라도 이 침팬지 공부법은 적용됩니다. 다만 어학은 시험 대상이 언어의 특성상 논리적인 학문이 아니기에 '자신의 노트' 정리 방식은 약간의 특성이 다를 뿐 영

상기억법의 원리는 동일한 사항입니다.(듣기 영역은 예외)

'자신自信의 노트'라 명명한 이유는 자기만의 노트라는 개념도 있지만 자기 자신이 작성한 노트를 스스로 믿는 노트라는 개념도 고려하였습니다. '자신의 노트'를 즐겁게 그림 그리듯이 보완하고 큰 시험을 보는 그날까지 계속 보완한다면 어느 순간 스스로 믿게 됩니다.

그리고 시험에서는 눈으로만 훑어도 대부분의 정답이 확인되는 체험을 통해 원하는 성과를 이루기 바랍니다.

작은 시험이든 큰 시험이든 3단계까지 성실하게 이행하고 그 성공의 기초가 '자신의 노트'임을 확신하게 되면 여러분은 더 큰 시험(논술형)에도 도전하여 성공하고 원하는 자유를 누리며 살 수 있을 것입니다.

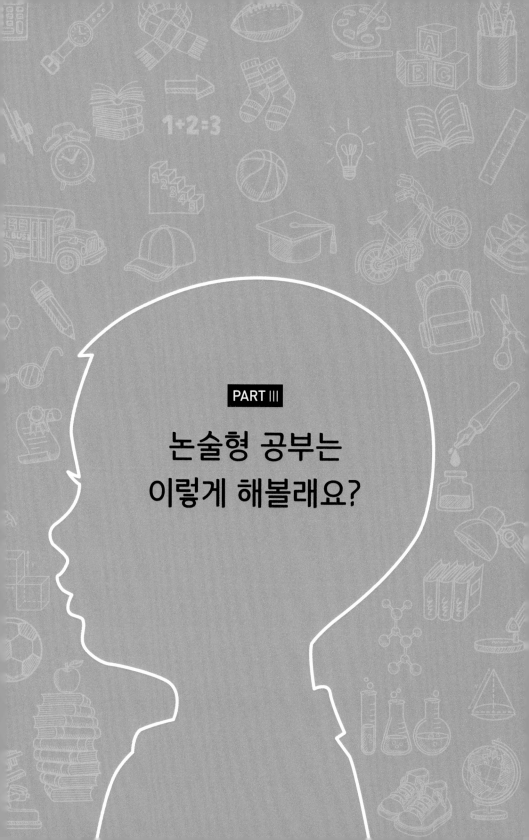

PART Ⅲ

논술형 공부는
이렇게 해볼래요?

I 논술형 공부 원리

1.1 논술형 수험자의 마음가짐

> 논술형 공부를 시작하기에 앞서 인류에 봉사하면서 살아가겠다는 대
> 명제를 정의하는 것이 좋습니다.

논술형 공부는 자신의 선택에 의한 공부입니다. 선다형이 일반적인 시험이라면, 논술형은 전문적인 시험이기 때문입니다.

논술형 공부를 하고자 선택한 사람은 이미 선다형 공부과정은 훌륭하게 마친 상태입니다. 사실 논술형 공부는 선다형 공부의 기반이 없다면 시작도 할 수 없는 공부라 할 수 있습니다.

논술형 공부 설명에 앞서 다시 한 번 되돌아봅시다. 자신의 올바른 삶을 정의하였고, 꿈을 설정하였으며, 그 꿈을 이루기 위한 과정에서 공부가 훌륭한 도구임을 알고, 선다형 과정까지 완성되었다면, 보다 더 높은 이상을 실현시키기 위해 선택한 것이 논술형 시험일 것입니다.

논술형 공부는 시험에 합격하면 어떤 삶을 살아가겠다고 결심한 뒤 시작해야 합니다. 논술형 공부를 시작하기에 앞서 인류에 봉사하면서 살아가겠다는 대명제를 정의하는 것이 좋습니다.

논술형 시험의 종류는 분야에 따라 모두 각기 다른 길이 존재하는데, 논술형 시험에 도전할 정도의 역량이라면 분명 이 인류, 국가, 사회에서 중요한 사람이 될 수 있는 훌륭한 자질을 갖춘 사람입니다. 그런데 '무엇을 위해 논술형 시험을 준비하는가?'라고 질문했을 때 '안정된 삶', '부자의 삶', '권위와 명예가 있는 삶' 등이 답이 되면 안 됩니다.

논술형 공부를 하는 사람이라면 근본 목적을 자기 자신에게 두지 말고 이 사회, 이 국가, 이 인류, 이 우주에 두고 봉사하는 마음을 가져야 합니다.

자신이 우월하다고 착각하고 일신영달을 위해 시험을 준비한다면 합격해서 안정된 삶은 살지언정 죽을 때 '보람된 인생이었다.'는 생의 충만감은 그리 들지 않을 것입니다.

논술형은 대학 시험부터 시험의 최고 등급인 고사, 고시, 기술사까지의 전문분야 시험에 해당되는 것이고 대부분 절대평가가 아닌 상대평가입니다.

선다형 시험은 명확한 정답이 있는 반면 논술형은 다양한 정답은 존재하나 그 답의 방향과 결론에 따라 평가자가 주관적으로 평가하는 시험입니다. 즉 논술 주제에 관하여 수험자가 일반적 논리에 입각하여 자신이 내린 결론에 따라 그 결론의 합리적 타당성과 논증을 제시하는 것입니다.

물론 시험의 종류에 따라 리포트 형식, 보고서 형식, 발표 형식, 설명 형식, 기술 형식, 논술 형식 등 다양하게 존재하나 침팬지 공부법에서는 논술형으로 대별하고자 합니다. 기타 유사한 시험 유형이 대부분 논술형식을 포함하거나 논술형에서 부분 응용된 것으로 판단되기 때문입니다.

논술형 시험을 최종 목적으로 침팬지 공부법을 따라가다 보면 리포트, 보고서, 발표 등의 시험을 보기 전 중간과정의 공부들까지 자연스럽게 해결됨을 느끼게 됩니다. 세부 목적을 다룬 도서들은 'OOO 잘하는 법' 등과 같이 서점에도 많이 나와 있으므로 침팬지 공부법에서는 논술시험의 대표로 제시합니다.

논술형 공부법을 시작하기 전에 공부의 시작과 끝은 어디인지 생각해봅시다. 인생을 살아가면서 공부를 통해 모든 것을 알 수도 얻을 수도 없습니다. 시험은 자신이 추구하는 것을 이루기 위한 중간 검증과정에 불과합니다.

시험을 통해 이론적 지식배경을 검증받고 난 후 관련분야에서의 다양한 실무경험을 통해 평생 배워나가는 것이 진정한 배움입니다.

지식과 경험을 바탕으로 해당분야에서 새로운 깨우침을 발견하고 세상의 발전에 기여한다면 진정한 깨우침을 실현한 것입니다.

깨우침의 실현은 자신의 생각이 다른 사람들로부터 공감을 얻고 그 생각을 함께하는 사람들이 많아지면서 결과적으로 세상을 변화시켜 인류에 기여하는 것을 의미하며 이것이 공부의 최종 목적입니다.

물론 세상을 변화시키는 그 무엇들은 현 시대에서는 증명할 수 없는 가설에 불과할 수도 있고, 깨우침의 결과가 자신이 의도하지 않은 방향으로 세상에 적용되는 경우도 있습니다.

다만 자신이 원하는 목적과 방향이 자신의 생각과 다르게 나타난 것뿐입니다. 하지만 '세상은 반드시 자신의 뜻대로 되지 않는다'는 것을 부분 수용하게 되면 자신의 깨우침이 일부라도 실현된 것이므로 훌륭한 목적을 달성한 것이라 할 수 있습니다.

통신의 진화

1990년대 호출기(일명: 삐삐)부터 시작하여 벽돌크기 만한 무선전화기가 이동전화로 바뀌고 지금은 스마트폰으로 진화하는 데는 불과 20년 정도 걸렸습니다. 수많은 사람의 연구노력과 과학의 발전들이 모여 지금의 스마트폰이 되었습니다. 그럼 20년 후의 세상은 어떻게 진화할까요? 세상에 조금이라도 기여할 수 있다면 너무나 행복할 것입니다. 대부분의 사람은 기여는 고사하고 따라가기 급급합니다. 공부하는 과정은 따라가는 것입니다. 이 과정을 튼튼하게 끝내고 자신이 생각하는 주도적 인생, 즉 세상을 살아가기 바랍니다.

논술형 공부를 시작하기 전에 먼저 시험에 대해 알고 있어야 할 사항들에 대해 이야기해 보자.

논술형 시험은 단순하게 지식을 요구하는 시험이기보다는 전문 지식을 알고 있는지 확인하고, 수험자가 선발 주체측에서 요구하는 조건에 부합하고 발전에 기여할 수 있는 적합한 인물인지를 검증하고자 하는 시험입니다.

1차적으로 선다형 시험에서 지식기반을 갖추었는지를 확인합니다. 2차적 지식을 확인하는 논술형 답안지 글에서는 느낌만으로 수험자의 역량을 판단할 수 있습니다.

대부분의 사람들은 인성, 자질, 가치관 등은 면접에서만 확인할 수 있다고 생각하는데 논술형 답안지에서도 검증이 가능합니다. 논술 답안지에 직접적으로는 표현되지 않지만 논술형 시험 답안지를 작성한 글 속에서 평가자는 수험자의 지식 정도와 인성, 가치관 등을 대부분 느낄 수 있습니다.

단순하게 지식공부만 열심히 하였는지, 공부를 통해 무엇을 깨우치고 있는 것인지, 그 깨우침이 시험에서 요구하는 방향과 일치하는지, 이 수험생의 인성과 가치관은 어떤지를 간접적으로 느낄 수 있습니다.

논술형 시험은 선다형 시험과 같이 문제은행에서 출제되는 것이 아닙니다. 문제 또한 주관식으로 제시됩니다. 그러므로 시험 볼 때마다 세상에서 하나뿐인 자신만의 답안지를 작성하는 것이 논술형 시험입니다.

논술형 시험 제시문에는 답안의 방향만 요구하고 있으므로 수험자가 알고 있는 관련 지식을 바탕으로 전개되는 답안의 방향이 어떻게 이루어지느냐가 관건입니다.

다음으로 논술형 시험의 출제자와 평가자는 어떤 사람들일까를 생각해보면 도움이 됩니다.

출제자와 평가자는 분명 그 분야의 전문가입니다. 이미 공부는 완성의 단계에 있으며, 깨우침으로 향후 미래 방향까지 제시할 수 있는, 분명 그 분야에서 훌륭한 분입니다. 이런 분들이 어떤 문제를 내고 어떤 정답의 방향을 요구할지는 사람에 따라 약간씩 차이가 있을 수 있겠지만 공통적인 특징은 있습니다. 지식을 알고 있는가, 그 지식을 어떻게 생각하는가, 그 지식 관련하여 자신의 생각은 있는가, 있다면 어떤 결과가 나타날 것인가, 그 결과가 관련분야에, 사회에, 국가에, 인류에 적정한가, 필요한가 등을 확인합니다.

3인 이상의 평가자가 공통된 의견을 종합하여 내린 평가 결과를 바탕으로 이루어지기 때문에 주관식이나 평가자에 의한 객관적 평가가 가능합니다.

논술형 시험을 보는 사람들 중 지식기반과 논리와 깨우침이 명확하나 최종합격까지 성공하지 못한 사람들을 볼 수 있습니다. 그 원인은 다양하게 있을 수 있으나 그 사람이 보편타당하지 않거나, 시험에서 요구하는 방향이 아닌 자신만의 생각에 치우치는 논리체계를 갖고 있어서일 확률이 높습니다.

마지막으로 논술형 시험을 보는 사람은 지식 함양에 앞서 기본으로 겸손이란 덕목을 갖추어야 합니다.

논술형 시험을 치르는 사람의 역량은 보통 사람과 비교하여 우월하다고 간주해도 무방합니다. 그런데 이 우월하다는 것을 자기 자신이 평가한다면 그것은 건방입니다.

지금 자신의 생각이 아무리 독창적이고 실현 가능하고 논리가 명확하더라도 아직 때가 아닐 수 있고, 그 논리가 적용되기에는 중간과정이 필요할 수 있음을 인정해야 합니다.

자신의 뜻을 이루기 위해서는 우선 '논술형 시험에서 요구하는 인물 되기', 즉 시험에 합격하는 것이 중요합니다. 즉 이 사회나 그 분야에서 쓸 수 있는 사람이 먼저 되어야 합니다.

자신의 생각이 진정 옳고 사회의 변화를 통해 기여할 수 있는 그 무엇이 당신에게 있다 하더라도, 우선 최종합격을 이루어야 그것을 시작이라도 해볼 수 있습니다.

지금 실현하고자 하는 그 무엇은 아쉽게도 자기만의 생각으로 끝나버릴 가능성도 아주 높습니다. 우선 그 무엇을 주장할 수 있는 위치(권한)에 올라 있어야 하고, 자신과 뜻을 같이하는 사람들이 있어야 하며, 일반사람들을 설득하고 공감을 이끌어낼 수 있어야 가능한 것이지, 그렇지 않다면 단순히 생각으로만 그칠 뿐입니다.

그러기 위해서는 겸손의 마음을 잊지 말아야 합니다.

1.2 논술형 공부원리

> 논술형에서는 선다형 '자신의 노트' 격인 '기출문제분석노트' 와 '예상문제집' 두 권을 작성합니다.

선다형의 경우 기본서, 문제집, 수업내용 등을 통해 지식적 요소를 '자신의 노트'에 정리하면서 자신도 모르게 계속 반복하는 과정 속에서 영상기억법이 작동하여 저절로 기억되었습니다. 그런데 논술형에서는 영상기억법의 대상인 '자신의 노트' 작성 방법이 선다형과 다릅니다.

논술형 공부원리에서 제시한 1단계(눈으로), 2단계(손으로)까지가 선행되어야 합니다. 다만 2단계에서 기본서 주요내용 밑줄 긋기까지만 하고 기존 방식으로 '자신의 노트'를 정리하는 대신에 기출문제 분석을 통한 '자신의 노트'를 작성합니다. 즉 선다형에서 '자신의 노트' 정리 대상은 기본서, 문제집, 수업내용이었고 논술형에서는 기출문제이므로, 여기서는 기출 문제 분석을 통한 '기출문제분석노트'를 작성합니다.

기출문제분석에 대한 관점도 선다형과는 다른데, 선다형은 출제 방향 패턴 등을 확인하기 위해 문제를 다시 확인하는 과정인 반면, 논술형은 기출문제들의 정답이 반드시 정답은 아니기에 자신이 정답을 재구성하는 과정입니다.

기출문제 풀이집에는 기출 패턴과 정답의 논리전개 방법 등이 적혀 있지만, 그것이 자신만의 답은 될 수 없습니다.

선다형에서는 정해진 명확한 정답을 맞추면 되지만 논술형에서는 수험자 모두가 각각 다르게 자신의 논리로 자필로 작성해야 합니다.

논술형 시험은 자신만의 답이 있어야 하는 시험입니다. 그리고 그것을 인정받아야 합격하는 시험입니다. 그러므로 결코 외워서 시험본다는 논리가 통하지 않습니다.

저자가 기술사 시험을 볼 당시 에피소드입니다. 감독자인 선생님께서 컨닝에 대한 유의사항을 전달했는데 수험자들 중 한 사람이 이 시험은 수능 시험이 아니니 감독 선생님이 걱정하지 않아도 된다고 하였습니다. 감독 선생님은 제시문을 보시고는 그 말의 의미를 아신 것 같았고 걸어 다니는 것조차 방해할까봐 조용한 감독으로 수험자들을 배려하셨습니다.

또한 논술형 시험은 모범답안지를 들고 있다 해도 그것이 자신과 체화되어 있지 않다면 합격하지 못합니다. 이유는 그 답안지가 평가자의 답안이 아닐 수도 있고, 답안을 보고 옮겨 작성한다면 아마도 정해진 시간 안에 80% 정도만 옮겨 적을 수 있을 것입니다. 스스로 답안을 보고 옮겨 쓰는 테스트를 해보면 압니다. 결코 쉽지 않습니다.

논술형 공부의 핵심은 지식요소와 자신의 논리가 정립되어 있어야 하고 어떤 문제이든 보편적 지식요소를 포함하여 자신만의 정답이 '예상문제집'으로 작성되어 있어야 합니다.

무엇을 질문하든 즉시 답하지 못한다면 어려운 시험이 논술형 시험입니다. 잠을 자다가도 어떤 제시문에 대해 말해보라 하면 즉답할 수 있을 정도로 체화시키는 것이 논술형의 공부 원리입니다.

논술형에서는 선다형 '자신의 노트'격인 '기출문제분석노트'와 '예상문제집' 두 권을 작성합니다.

1.3 논술형 공부단계

침팬지 공부법에서 제시하는 공부법 역시 자신이 선택하지 않고 행동하지 않으면 아무 소용없습니다. 차라리 지금 자신의 방법에서 조금 더 보완하여 다시 한 번 해보는 것이 더 효율적일 수 있습니다.

침팬지 공부법은 총 1~5단계로 구성되어 있습니다.

선다형은 1, 2, 3단계를 이루고, 논술형은 4단계 '기출문제분석노트' 작성과(선다형 1~2단계 중 '자신의 노트' 작성에 해당) 5단계 '예상문제집' 완성 및 체화 단계를 이룹니다.

구분	단계	세부방법
선다형 논술형	[1단계] 눈으로	∨ 사랑 고백 ∨ 책 넘김 방법 ∨ 눈으로 내용파악 끝내기
선다형 논술형	[2단계] 손으로	∨ 형광펜(기본서 – 대, 중, 소단원) ∨ 녹색(기본서 – 중요 단어) ∨ 녹색(기본서 – 세부내용) ∨ 빨간색(기본서 – 수업시간) ∨ 검정색(자신의 노트 – 내 노트 작성) ∨ 청색(자신의 노트 – 문제 확인) ∨ 빨간색(자신의 노트 – 친구와 선생님) ∨ 녹색(자신의 노트 – 기본서와 노트 합체)
논술형	[4단계] 선구자	∨ 기출문제 분석 ∨ 기출문제 정리 ∨ 논제와 논문 합치 ∨ 선구자 따르기 ∨ 학회, 세미나, 토론회 참석

		v 신문 구독
선다형 논술형	[5단계] 자신만의 논리	v 자신만의 생각 정리 v 자신만의 문제 작성 v 입과 몸으로 체화(선다형 3단계) 　- 나는 선생님, 나는 학생 　- 나는 아나운서 　- 시험보기 연습 v 영상기억법 체험

이 표와 같이 논술형 공부의 순서는 1 → 2 → 4 → (3+5) 단계로 이루어집니다.

이제껏 여러분은 여러 합격수기들을 읽어보고 자신의 논술형 공부에 적용해 봤을 것입니다.

사실 정답은 없습니다. 침팬지 공부법에서 제시하는 공부법 역시 자신이 선택하지 않고 실천하지 않으면 아무 소용없으며, 차라리 지금 자신의 방법을 조금 더 보완하여 다시 한 번 해보는 것이 더 효율적입니다.

그럼에도 침팬지 공부법을 제안하는 이유는 지금까지 합격하지 못하였거나 아직 준비하는 수험자는 자신의 방법에 대한 확신이 부족할 수 있는데, 그런 경우 저자의 체험을 믿고 선명하게 기억되는 영상기억법을 함께 해보자는 것입니다.

침팬지 공부법에서 제시되는 영상기억법 없는 논술형 시험공부는 언제 끝날지 모를 시험이 될 것이고 결국 시험을 포기하고 인생 내내 아쉬워하면서 살아가는 우울한 미래를 연출할 수도 있습니다. 시작하였다면 끝을 보기 바랍니다. 될 때까지 자신의 방법을 변화시키면서 목숨이 다하도록 최선을 다해야 뜻을 이룰 수 있다고 생각합니다.

2 [4단계]선구자를 따르세요

2.1 기출문제 분석

> 뿌리가 없는 어설픈 공부수준으로는 나무가 서 있을 수 없고, 자신의
> 주장인 열매도 보여줄 수 없고, 보여줘 봐야 먹지 못하는 풋내기 생각
> 으로 취급됩니다.

논술형 시험을 시작하려 하거나, 시험 경험이 있다면, 우선 해당 과목에 대한 선다형 과정은 이미 끝마친 상태여야 합니다. 고시 시험의 경우는 1차 선다형 시험이 있는 경우가 많기 때문에 이미 선행되었어야 하고, 학력, 경력, 자격을 선행조건으로 시행되는 기술사의 경우는 곧바로 논술형 시험으로 시행됩니다.

선다형 과정을 선행하지 않고 논술형의 기출문제 분석부터 시작하는 것은 아마도 이제 한글 읽을 줄 안다고 철학서적을 읽겠다고 하는 것과 같은 이치라고 할 수 있습니다.

선다형 공부의 지식적 기반은 독자에게 이미 갖추어진 상태라는 전제 하에 4단계 논술형 공부를 설명하겠습니다.

논술형 시험은 두꺼운 책 한 권을 돌파하였다고 합격할 수 있는 시

험이 아니라는 것쯤은 이미 알고 있을 것입니다. 기본서에 답이 있다 해도 논술형 답으로 작성할 수 없다는 것도 알고 있을 것입니다. 논술형 시험 경험자라면 누구나 알고 있는 사항입니다.

지식 정보를 전달하는 기본서는 대단원－중단원－소단원－세부내용의 패턴입니다. 논술형 시험 제시문 역시 대단원－중단원－소단원－세부내용 패턴이 유지됩니다. 기출문제는 약 10년 전부터의 모든 문제를 분석한 것입니다.

논술형의 제시문은 공통적으로 다음과 같은 패턴을 보입니다. '대제목'의 '중제목' 중 '소제목' 분야의 '세부내용'에 'OOO 방향으로 OOO 하시오!'입니다. 이런 패턴을 벗어나면 제시문의 성립요건에서 벗어납니다.

최근 출제된 사법시험을 예로 제시하겠습니다.

제 2 문

제2문의 1

「도시계획사업법」은 도시계획사업실시계획 인가사무를 국토교통부장관이 광역자치단체장인 시·도지사에게 위임할 수 있고, 시·도지사는 이를 다시 기초자치단체장인 시장·군수에게 재위임할 수 있도록 규정하였다. 한편 「쓰레기처리법」은 쓰레기처리의 관할권을 광역자치단체인 시·도가 가지며, 시·도는 필요에 따라 기초자치단체인 시·군의 신청에 의해 당해 지역에서 발생하는 쓰레기처리 업무의 전부 또는 일부를 위임할 수 있도록 규정하였다. 이에 기초자치단체인 A시는 '광역자치단체장인 B도지사의 도시계획사업실시계획 인가처분'과 '쓰레기처리법 조항'이 헌법 제117조 제1항에 의하여 보장되는 A시의 지방자치권을 침해하였다는 이유로 권한쟁의심판을 청구하고자 한다.

※ 위 「도시계획사업법」과 「쓰레기처리법」은 가상의 것이며 현재 시행 중임을 전제로 함

1. 위 '도시계획사업실시계획 인가처분'과 '쓰레기처리법 조항'이 권한쟁의심판청구의 대상이 될 수 있는가? (18점)

2. 위 권한쟁의심판청구에서 A시는, 헌법 제117조 제1항에 따라 주민들과 밀접한 관계에 있는 기초자치단체가 광역자치단체보다 우위에 있다고 주장하는 바, 이에 대하여 논하시오. (12점)

제2문의 2

서울 ○○지역에서 범행수법이 비슷한 살인사건이 잇따라 발생하였고, 유력한 용의자로 甲이 체포되었다. 수사 초기 甲은 범행을 부인하였으나, 甲 소유 차량에서 찾은 혈흔에서 나온 DNA가 피해자 중 한 사람의 것과 동일하게 드러나자 그를 살해한 후 암매장하였다고 자백하였다. 그러나 甲은 그 지역에서 발생한 다른 사건에 대해서는 살인혐의를 부인하고 있다. 경찰은 피의자의 인권보호를 위하여 그의 신분이 노출될 우려가 있는 장면이 촬영되지 않도록 현장검증 때도 甲에게 모자와 마스크를 씌웠다. 그러나 더운 날씨 탓인지 甲은 현장검증 때 수시로 모자와 마스크를 벗었다. 마침 현장에 있던 ○○신문사 기자 乙은 甲의 맨얼굴을 찍어 신문에 공개하였다.

1. 이 사안에서 甲과 乙이 주장할 수 있는 기본권을 제시하시오. (10점)
2. 이 사안에서 甲과 乙의 주장에 관한 헌법적 해결방안을 논하시오. (10점)

확 인 : 법무부 법조인력과장

논술형 시험은 응시분야별로 다양한 패턴을 보이고 있으나 제시문의 근본은 대－중－소단원의 트리구조 개념을 두고, 질문이나, 설정케이스에 관한 질의를 하게 되는데 답안작성은 기본적 지식요소를 기초로 자신의 논리를 작성합니다.

제시문에서 트리구조를 무시하면 자칫 질문의 방향이 다르게 해석될 수도 있기 때문에 트리구조로 설명되어야 합니다.

논술형 시험 준비에서 선다형 1, 2단계는 공부의 뿌리에 해당하는 기본단계입니다. 논술형 시험은 단편적인 지식정보를 알고 있느냐 여부를 질문하지 않고 종합적인 측면을 먼저 이해하고 있는 것을 전제로 문제가 제시됩니다.

문제의 답안은 종합 비교, 분석, 검토, 개연성, 적용성 등의 다양한 방향으로 작성되므로 선다형의 근본 뿌리가 없이는 어려운 시험입니다.

뿌리가 없는 어설픈 공부수준으로는 나무가 서 있을 수 없고, 자신의 주장인 열매도 보여줄 수 없고, 보여줘 봐야 먹지 못하는 풋내기 생각으로 취급됩니다.

답안지 구성을 나무를 예로 설명하자면 '어떤 나무종이고 그 나무 특성은 무엇 무엇이고, 어떤 역할을 하는데, 성장하는 환경 속에서 어떤 요소들로 인하여 어떤 영향을 받아 지금의 나무가 되었고, 향후 어떤 것들이 영향을 미치게 되면 어떤 나무가 될 것인데, 내가 어떻게 나무를 사랑하여 어떤 나무가 되도록 노력하여 그 나무가 어떻게 기여(봉사)할 것이다.'라는 패턴으로 답안이 작성되어야 합니다.

즉 지금의 기본서 트리는 철저하게 영상기억법에 의한 기억이 있어야 하고 이 트리에 자신의 지식과 생각 그리고 마음이 더해져서 제시문에서 요구하는 방향의 답안지로 작성해야 합니다.

물론 나무의 과거와 형상만 글로 옮겨도 합격할 수 있을지 모르지만 그 나무를 보는 마음의 각도에 따라 다르게 보이니 가급적 좋은 마음으로 공부하고 사랑의 마음을 표현하면 좋은 결과로 이어집니다.

제시문은 마지막에 '기술하라', '설명하라', '논하라', '개진하라' 등의 다양한 요구패턴을 경험적으로 이해하기 편하게 설명하겠습니다.

'기술하라'는 기본서에 있는 글을 옮겨 쓰라는 것입니다.

'설명하라'는 기본서의 내용을 바탕으로, 제시문의 어떤 주제에 대하여 남이 읽어 이것이 무엇인지 알 수 있도록 작성하라는 것입니다.

'개진하라'는 기본서의 내용을 간략하게 설명하고 자신의 생각을 중점으로 논하는 데 있어 틀에 구속되지 말고 자신의 생각을 발표하는 기분으로 남을 설득하거나 공감할 수 있는 글을 쓰라는 것입니다.

'논하라'는 기본서의 바탕 내용을 논리적으로 설명하고 그것을 분석, 비교하거나, 검증논리를 제시한 후 자신의 생각으로는 이렇다, 저렇다, 이렇게 될 것 같다 등등의 긍정적 발전 방향을 제시하는 것입니다.

또한, 제시문에서 이미 글을 어떻게 쓰라고 요구하고 있는지 이해하고 있어야 합니다. 자신의 생각대로 글을 쓰게 되면 아무리 혁신적이고 올바른 생각이라고 공감하더라도 좋은 평가점수를 얻을 수 없습니다. 시험은 혼자 보는 것이 아니기 때문입니다.

다수가 동일한 제시문으로 시험을 보는 데엔 객관적 평가기준이 있고 이 객관적인 기준을 벗어나면 안 됩니다. 쉽게 표현하여 제시문에서 요구하는 방향을 맞추어 답안을 작성해야 합니다.

비교하여 설명하라면 비교하여 작성하고, 무엇을 중점으로 하라면 그것을 중점으로 해야지, 요구사항은 피하면서 유사하게 자신 있는 논리만 끼워 넣어 답안을 작성해서는 좋은 평가를 받기 어렵습니다.

논술형 시험의 제시문은 답안지의 작성 구성요건 및 방향을 설명하고 있는 중요한 사항입니다.

2.2 기출문제 정리

> 기출문제의 제목을 모두 분석하고 일체화시켜 '기출문제분석노트'를 작성하는 것이 기출문제 정리입니다.

논술형 시험을 준비하거나 이미 시험 중이라면, 시중 서점에 과거 기출문제들을 정리하여 서적화되어 있는 기출문제집, 합격자들이 공개한 일명 '족보'라고 하는 예상문제집들이 입수되어 있습니다. 이번 과정은 이러한 기출문제 제목만을 보고 우선 분석하고 정리하는 과정입니다.

기출문제의 제목을 모두 분석하고 일체화시켜 '기출문제분석노트 구성 제시문'을 작성하는 것이 기출문제 정리입니다.

정리 방법은 기출문제 제목들을 모두 검토 분석하여 우선 해당 과목의 트리구조를 정립하고 해당 단원에 기출문제 제목을 정리하는 것입니다.

선다형에서는 기본서가 정해 주었지만 논술형에서는 자신이 기출문제의 제시문들을 보고 자신의 기본서와 비교 검토하면서 자신만의 트리구조를 정립합니다. 즉 대단원을 무엇으로 둘 것인지, 아니면 대단원 없이 중단원[장(chapter)] 형태로만 분류할 것인지 등을 결정하여 기출문제 구성 제시문을 소단원 목차개념으로 정리합니다.

기출문제 제목들은 참으로 비슷하고 중복된 듯하나 모두 분류체계를 갖고 있으면서 소단원격에서 다르게 재정립하게 되므로 분석하는 데 상당한 시간이 요구됩니다.

기출문제를 분석하다 보면 참 많은 다양성이 존재함을 알게 됩니다. 동일한 이슈도 시대에 따라 다르게 해석되고, 대단원, 중단원의 기조는 비슷하나 방향에 따라 복합적으로 요구하는 등 다양합니다.

과거의 학문 흐름을 이해하지 못하고 현재의 상황만을 기반으로 작성한다면 아무리 좋은 답안이라도 평가자는 공부량의 깊이를 바로 인식하게 되므로 좋은 평가를 받기 어렵습니다.

과거 10년 정도의 기출제시문을 정리하다 보면 자연스럽게 알게 되는 내용이 많습니다. 그러므로 과거부터 미래까지 모든 것을 알겠다는 각오로 기출문제를 깊고 넓게 검토 분석한 후 자신의 깊은 고민으로 소단원에 해당하는 기출제시문을 자신만의 트리구조로 재정립하는 과정을 수행하는 것이 기출문제 정리의 첫 번째 사항입니다.

두 번째로, 기출제시문의 제시문들을 연습장에 우선 분류한 단원별로 정리하고 종합하면서 '기출문제분석노트'에 제시문을 작성합니다.

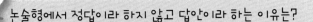

자신이 정립한 분류체계에 따라 '기출문제분석노트'에 트리구조로 자신이 작성한 기출제시문을 옮깁니다.

기출제시문 한 문제에 '자신의 노트'도 한 장씩 배분합니다. 즉 시험에서 작성하는 분량이 되도록 기출제시문을 구성합니다. 포괄적으로 'OO에 대하여' 식으로 설정하면 안 됩니다.

답안시험 종류에 따라 다르나 기출제시문을 결정하고 나면 작성해야 할 '기출문제분석노트' 장 수는 수백 장이 족히 넘어갈 수 있습니다.

저자의 경험에 의하면 한 교시에 150분 동안 4문제를 논술하고 4교시를 보게 되는 기술사 시험은 총 16문제인데, 기출제시문은 약 10배에 해당하는 160개 이상이 작성되어 있었습니다.

기출제시문 한 문제에 한 장씩이 작성되어야 하는 이유는, 기출문제 모범답안(?) 정리 후에도 앞으로 계속되는 논문, 선구자, 세미나 등을 통하여 업데이트되기 때문에 충분한 여백을 두어야 하기 때문입니다.

다음으로는 자신이 정리한 기출제시문의 제목에 여러 참고자료들을 기초하여 자신만의 답안으로 재정리해 나가는 과정입니다. 상당한 시간과 집중을 요구합니다.

옮겨 적는 내용은 답안지 형태로 옮겨 적는 것이 아니고 선다형에서 기본서에 녹색 줄긋기 과정과 같이 중요 단어를 바탕으로 한 개조식으로 옮겨 적습니다.

전개 방식은 비슷한 여러 문제들을 비교 검토하여 자신만의 스타일로 가장 논리적인 순서를 결정하여 개조식으로 전개하면서 작성하면 됩니다.

자신만의 논리전개 방식을 결정하지 못하고 남들이 작성한 기존 답안들을 그대로 옮겨 적어버리면 절대 안 됩니다. 철저하게 유사문제들을 분석 검토 후에 자신의 논리전개 방식을 설정하고 옮겨 적어야 합니다.

이렇게 기출문제를 바탕으로 자신만의 트리구조를 정립하고 기출제시문을 설정 후 내용을 정리하였다면 선다형 2단계인 검정색 볼펜 과정까지 마친 것과 같습니다.

이렇게 정리된 논술형에서의 '기출문제분석노트'는 시험에 합격할 때까지 계속적인 업데이트 및 보완 대상입니다. 즉 자신만의 기본서가 책의 형태로 만들어지는 것입니다. 그러므로 평생 보관하면서 수시로 찾아볼 자료입니다. 쉽게 남의 자료를 옮겨 적지 말고 한 번 더 생각하고 검토하여 명확하게 개념 정리 후에 옮겨 적어야 합니다. 몇 개월이 소요되는 공부량입니다.

이 기출제시문을 자신만의 방법으로 정리 없이 마구잡이식으로 학습하게 되면 뒤에서 작성되는 자신만의 문제를 만들 때 남의 것을 보고 옮겨 적고서 자신의 문제라고 외우려 하게 됩니다. 영상기억법의 원칙은 단순히 자주 보기만 하는 것이 아니라 자신이 생각하면서 정리보완과정을 통해야 하는 것입니다. 그래야 자신의 머릿속에 필름으로 기억됩니다.

남의 자료는 남의 것입니다. 단순히 옮겨 적고 반복한다 해도 자신의 자산이 되지 않습니다.

2.3 논제와 논문 합치

> 논술형 시험은 요약 논문 쓰기라 해도 무리가 없습니다. 글의 전개방식, 글을 구성하는 단어, 자신의 생각을 표현하는 방법들이 모두 논문에서 표현되고 있습니다.

실무적인 경험 없이 책이나 문제집을 통한 공부만으로는 제시문에 대하여 자신의 생각이나 논리를 세우고 깨우침까지 이르기에는 한계가 있습니다.

이를 보완하는 방법 중 하나가 논문을 읽는 것입니다. 논문을 읽어보면 과거부터 어떻게 변화와 발전 속에서 현재 상황이 되었는지 이해할 수 있고, 미래 트렌드까지 느낄 수 있습니다. 굳이 국제 논문까지 접근하지 않고도 국내 석·박사 및 관련학회에서 발표된 논문집을 보면 '기출문제분석노트'에 옮겨 적을 사항이 많이 발견됩니다.

내용이 너무 혁신적이거나, 자신 스스로도 공감이 되지 않거나, 내용이 난해하거나, 일부사항에 국한된 내용은 간과하여도 되겠지만, 기본서에서 다룬 분야라면 최대한 많은 내용을 '기출문제분석노트'에 함축시켜 업데이트시켜 두어야 합니다.

논문 보는 법

논문은 대분류, 중분류 관점을 인식하고 소제목에 해당하는 내용에서 제시문의 주제에 관한 이론, 검증, 의견, 방향 등이 수록되어 있습니다. 즉 논문 보는 법은 '기출문제분석노트'의 기출제시문에 있는 내용을 찾되, 정독하지 않고 핵심 관점만을 찾아 노트에 보완할 내용을 파악하는 방법으로 보아야 합니다.

논술형 시험은 요약 논문 쓰기라 해도 무리가 없습니다. 글의 전개 방식, 글을 구성하는 단어, 자신의 생각을 표현하는 방법들이 모두 논문에서 표현되고 있는데, 논문을 많이 읽다 보면 자신도 모르게 글쓰는 능력, 즉 답안지를 작성하는 능력이 함양됩니다.

논문을 작성해 본 사람은 알 수 있겠지만 학회 발표논문은 5~9쪽 정도, 학위논문은 수백 장 정도의 분량으로, 논문의 제목에 맞게 논리 정연하게 설명하고 있습니다. 기술사 시험의 경우 제시문에서 요구하는 답을 논문의 1/3 정도로 함축하여 글을 쓰는 시험이라 할 수 있습니다.

논술형 시험 준비의 기본서에 해당하는 자신만의 '기출문제분석노트'에 기출제시문과 연관된 논문을 읽으면서 빠진 부분이나 새로운 내용 및 관점을 보완하게 되면 '기출문제분석노트'는 보다 더 깊이 있는 자신만의 기본서가 될 것입니다.

공학, 법학, 행정 등 분야별로 작성되는 패턴도 모두 다릅니다. 예를 들자면 공학을 인문학적으로 설명할 수 없고, 인문학적 요소를 공학적으로 증명할 수 없기 때문입니다.

그리고 논문을 읽다 보면 자신만의 아이디어나 공감되는 생각이 떠오르게 됩니다. 그때마다 '기출문제분석노트'에 적어두게 되면 '예상문제집'을 작성하는 과정에서 자신만의 개성 있는 논리를 세우는 데 도움이 됩니다.

논문을 통해 자신만의 '기출문제분석노트'를 보완하는 것은 아주 중요한 업데이트 사항입니다. 논문 한 편을 쓰기 위해서는 수일, 수개월의 시간이 소요됩니다. 이러한 노하우를 직접 경험 없이 간접적으로 배울 수 있다는 것은 학습시간 대비 효율을 크게 증대시켜 주기 때문입니다.

2.4 선구자 따르기

선구자들의 생각과 공부 패턴은 거의 비슷하다는 놀라운 발견을 할 수 있습니다.

선구자는 수험생이 가고자 하는 길을 먼저 간 사람, 즉 합격자들을 말하는 것입니다.

세상을 살아가면서 성공하는 원리는 의외로 간단합니다. 그 원리는 성공자를 따라하는 것입니다. 여러분이 지금 합격하고자 하는 시험 분야에서 성공한 사람, 즉 멘토를 선정하고 그 사람이 했던 공부행동을 따라하는 것이 성공할 수 있는 방법입니다.

개인적인 멘토가 없다 하더라도 선구자들이 공부하였던 방식을 탐구하여 자신의 잘못된 방법은 버리고 성공자의 방법대로 따라하는 것도 현명합니다. '침팬지 공부법'이 제시하는 공부 방법도 여러분의 동반자가 될 수 있을 것입니다.

남의 탓만 하고 자신의 탓을 할 줄 모르는 사람, 긍정적인 마인드가 아닌 습관적으로 부정적인 말을 하는 사람은 공부하는 동안에는 피하는 것이 좋습니다. 부정의 전염병은 아주 강하여 자신도 모르게 실패자의 길로 가고 있을지 모를 일입니다.

자신만의 생각대로, 자신만의 방법대로, 오늘과 어제와 작년이 같다면 내일도 내년도 똑같은 결과로 이어질 가능성이 많은 것은 당연합니다.

어려운 논술형 시험에 합격한 사람들은 특별한 사람이기보다는 분명 자신보다 더 좋은 측면의 다른 무언가가 존재했고, 더욱 간절했고, 최선을 다했기에 합격한 것입니다.

지금이라도 늦지 않았기에 자신의 부족한 점을 찾아 개선하면 됩니다. 공부시간이 적었다고 생각하면 늘리면 되고, 지능지수가 낮다고 생각하면 한 번 더 보면 되고, 방법이 달랐다고 생각하면 방법을 바꾸면 됩니다.

그리고 주변에서 합격한 사람이 있으면 적극적으로 칭찬하고 인정하고 존중해 주어야 합니다. 그리고 단 한 가지라도 선구자로부터 배울 점을 찾아 배워야 합니다. 그래야 자신도 합격할 수 있습니다.

흔히 논술형 시험을 준비하는 사람들끼리 합격자의 족보를 찾아 복사합니다. 좋은 방법입니다. 분명 자신이 준비하지 못한 부분까지 준비했을 것이고 작성 패턴도 문맥도 필력도 다릅니다.

저자의 경우도 시험을 준비하면서 첫 번째 했던 행동이 최근 합격자들을 찾아다니면서 칭찬, 인정, 존중과 함께 공부하는 방법을 듣고, 자료를 협조해달라고 부탁하는 것이었습니다. 여기에 아울러 한 가지를 더 부탁하였습니다.

"다음 시험에 어떤 문제가 나올 수 있다고 생각하십니까? 두 가지만 말씀해 주시면 감사하겠습니다."

이렇게 해서 종합해보니 공통점이 발견되었습니다. 그리고 선구자들을 따라 최선을 다한 결과 첫 시험에 합격하는 성과까지 얻었습니다.

합격자들은 분명 다른 점이 있었습니다. 공부하는 방법도 달랐고 생각하는 방향도 달랐고, 자신의 분야에 대한 사명감과 애착도 달랐습니다.

혹시 자신의 주변에 몇 년 동안 시험에 합격하지 못하고 있는 사람이 있다면, 자신의 방법대로만 하려고 하고 변화하지 않으려 하거나, 생계로 인하여 공부할 시간이 부족했거나, 몰입하지 않고 대충 공부하고 있을 수 있습니다.

논술형 시험은 최소 시험 1개월 전부터는 아무것도 하지 않고 몰입하는 시간이 꼭 필요합니다. 그럼에도 직장을 다니면서도 논술형 시험에 합격한 사람들이 있습니다. 대단하다고 생각합니다.

선구자를 따르세요. 그래야 자신도 그 길로 갈 수 있습니다. 그리고 합격자들을 만나 저자와 같이 질문해보세요. 그리고 그 질문들을 종합하여 분석해 보세요. 합격자들의 생각과 공부 패턴은 거의 비슷하다는 놀라운 발견을 할 수 있습니다.

논술형 시험공부를 시작하면서 합격자들에게 들었던 내용을 정리해 보겠습니다.

첫째로 남이 작성한 모든 것은 남의 것이라 생각했고, 자신이 스스로 '자신의 노트'를 한 글자 한 글자 고민하여 작성하였다는 점입니다. 저자가 그동안 공부한 자료를 보여주자 어떤 자료에서 어느 부분을 옮겨 적어둔 것까지를 알아보고 공부하는 척만 하지 말라고 지적하였습니다.

여러분 주변에도 자료만 많이 모아두고 자신만의 것은 없는 장기 수험생이 있을 것입니다. '침팬지 공부법'을 본 여러분은 여기에 해당되지 않기를 바랍니다.

둘째로 과거 위주 공부가 아닌 5년 후 미래 공부를 하였다는 점입니다. 과거의 기출문제를 분석하고 준비하는 것은 출제방향이나 시험패턴을 분석하는 것이고, 자신이 다음에 볼 시험은 과거를 기반으로 한 발짝 앞서간 미래를 준비하여 시험에서 표현해야 합니다. 글로 표현하다 보면 시험분야의 긍정적인 발전 방향으로 표현되는 사항들이 됩니다. 그렇다고 10년 뒤에나 이루어질 사항을 주장한다면 허무맹랑한 소설이 될 수 있기에 주의가 요구됩니다. 다음 과정인 학회, 세미나, 토론회에서 이에 대한 보완방법을 제시하겠습니다.

셋째로 목숨 걸고 공부를 했던 것입니다. 합격자들은 분명 논술형 시험에 합격하고자 하는 뚜렷한 목적과 목표가 있었습니다. 그냥 '해보다 안 되면 다른 거 하지'라는 실패자 같은 생각은 전혀 없고 합격하지 못하면 죽을 사람 같이 목숨 걸고 했습니다. 주변 환경의 모든 장애요인은 합격한 다음으로 미루고 시험에만 몰입하여 공부했습니다.

저자의 경우도 시험 2개월 전부터는 직장인이자 가장임에도 회사 인근 고시원에서 생활하였고, 공부 도중에 세 번이나 기절을 경험하였기에 합격하지 않았나 생각합니다.

자신이 준비하는 시험에 합격한 사람은 수험생인 지금 자신의 입장에서는 선구자입니다. 배우고 따라하는 것이 합격하는 길입니다.

2.5 학회, 세미나, 토론회 참석

> 선구자와 사전 관계가 정립되어 있지 않다면 개인면담도 사실 어려운
> 일입니다. 이를 보완하는 방법이 바로 학회활동, 세미나, 토론회 참석
> 입니다.

선구자를 따르라는 과정에서 합격자들을 본받아 자신의 공부하는 습관을 바꾸고, 방법을 바꾸고, 자료를 받아 '기출문제분석노트'에 자신의 것으로 재정립하는 것이 합격의 지름길이라고 제시하였습니다.

그런데 선구자들의 특성 중 한 가지는 바쁘다는 것입니다. 항상 1~2주일 정도 일정이 예약되어 있는 경우가 많습니다. 그러므로 선구자와 사전 관계가 정립되어 있지 않다면 개인면담도 사실 어려운 일입니다. 이를 보완하는 방법이 바로 학회활동, 세미나, 토론회 참석입니다.

선구자들은 바쁜 일정 속에도 대부분 학회활동과 세미나, 토론회에 참석하려고 노력합니다. 이유는 간단합니다. 선구자일수록 배움을 게을리하지 않기 때문입니다. 책은 과거의 선물입니다. 그러나 학회, 세미나, 토론회는 현재와 미래를 예측할 수 있습니다. 또한 시대변화의 흐름을 감지할 수 있고, 자신의 생각과 비교하여 검증할 수 있고, 자신의 논리를 재정립하기에 가장 좋은 행사장소이기 때문에 많은 선구자들은 시간을 할애하려고 노력합니다.

이러한 선구자들이 모이는 장소에 참석해 보면 성공자들의 여유로움 속에서 자신의 미래상을 설계하는 동기부여도 받고, 세상의 지식은 반드시 맞지도 틀리지도 않고 수많은 다름이 존재한다는 것을

인식하게 되고, 자신이 하고 싶어 하는 분야에는 이미 많은 전문가가 포진되어 있어 자신은 무엇을 할 수나 있을까 하는 느낌도 받게 됩니다.

이런 행사들에 참석해 보면서 자신은 한없이 부족한 존재임을 자각하게 된다면 겸손을 알게 된 것이고 이러한 과정 속에 진정한 지식인으로서 발전해가는 자신의 모습을 발견할 수 있습니다.

행사에 참석할 때는 다음 세 가지를 생각하고 참여하면 많은 도움이 됩니다.

첫째, 자신의 부족함을 깨우치고 노력할 것을 다짐하는 동기부여를 얻어야 합니다.

둘째, 자신도 언젠가는 선구자들의 대열에 오를 것이라는 자기 확신과 신념을 다지는 계기가 되어야 합니다.

마지막으로 '기출문제분석노트'에 업데이트할 모든 자료를 수집합니다.

학회, 세미나, 토론회는 기본서의 내용을 발표하는 장소가 아니기 때문에 행사에서 발표되는 모든 내용을 '기출문제분석노트'에 업데이트시키기에는 분명 한계가 있습니다.

발표내용 속에서 '기출문제분석노트'에 작성된 제시문과 연관된 내용을 보완하는 것이 당연합니다.

또한 새로운 시사성 제시문이 될 만한 내용들은 별도로 정리하여 '기출문제분석노트' 마지막에 추가 작성해 두어 '침팬지 공부법'의 마지막 5단계에서 자신만의 논리를 세울 때 별도로 '예상문제집' 작성 참고자료로 준비합니다.

현재까지 논술형 공부를 충실하게 이행하였다면 '기출문제분석노트'는 기출문제를 검토, 분석, 연구하여 자신이 스스로 정립한 소단원 격의 제시문에 답안이라 제시된 여러 자료들을 업데이트하여 수백 장의 '기출문제분석노트'가 정리되어 있을 것입니다.

그리고 '선구자를 따르세요' 과정에서 선구자들의 새로운 문제나 정리된 관점들을 살펴 자신의 것으로 보완해 두었으며, 학회 등을 참석하여 다시 보완하거나 새로운 문제가 될 수 있는 제목과 내용을 별도로 정리해둔 상태여야 합니다.

이 과정까지는 상당한 시간을 요구합니다. 저자가 응시한 기술사 분야에서는 약 8개월 정도가 걸렸습니다.

여러분이 지금 공부하는 장소는 학교, 학원, 도서관, 고시원 등 다양한 장소에 위치하고 있습니다. 자신이 위치한 장소에 따라 자신의 공부 레벨도 달라집니다. 학교라면 지식요소의 이해습득 과정일 것이고, 학원이라면 시험 보는 중요 요소를 보완 및 확인하는 과정일 것이며, 도서관, 고시원이라면 자신만의 공부를 정리하고 있다고 생각됩니다.

공부하는 장소와 레벨을 이야기한 이유는 혼자 공부하는 공부는 혼자 공부한 것일 뿐이기 때문입니다. 여러 장소에서 공부만 하는 것보다는 한 달에 한 번 정도 공부한 내용을 정리하기 가장 좋은 장소인 학회, 세미나, 토론회에 참석하여 잠시 머릿속도 정리될 수 있도록 자연도 감상하면서 선구자들과 함께 더 넓고 깊은 공부가 되도록 하는 것이 좋습니다.

3 [5단계]자신만의 논리를 세우고 강의하세요

3.1 신문 구독

> 논술형 공부를 하는 사람에게 생각의 힘을 키워주는 좋은 도구로 신문만한 것도 없습니다.

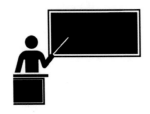 신문에는 보이지 않는 힘이 있습니다. 언론의 힘을 말하는 것이 아니고 논술형에서 요구되는 글 쓰는 능력을 배울 수 있다는 점입니다.

신문을 보면서 아무 생각 없이 사실 내용을 읽기만 하고 그대로 받아들인다면 언론에서 요구하는 방향대로 따라가는 사람이 될 뿐입니다. 그러나 논술형 공부를 하는 사람은 생각의 힘을 키워주는 좋은 도구로 신문만한 것도 없다고 생각합니다.

신문에는 대단원, 중단원, 소단원, 세부내용의 개념이 철저하게 반영되어 있습니다. 이들이 글자 크기로 구분되어 있음을 발견할 수 있습니다. 또한 기사의 내용과 연관 있는 사진이나 도표를 제시하여 이해를 돕고 있습니다. 그런데 신문은 지면의 제한이 있습니다. 그러므로 구구절절 상세하게 전달할 수가 없습니다. 기사의 내용에 따라 신문

편집자는 지면에 배분되는 한정된 분량으로 글을 요구합니다. 많은 분량도 안 되고 적어도 안 됩니다.

신문을 자세히 보면 신기하게도 지면 배분량에 맞추어져 기사 내용 글이 맞추어져 있음을 확인할 수 있습니다.

즉 알리고자 하는 내용을 한정된 지면에 맞추어 글을 씁니다.

논술형 시험에서도 마찬가지입니다. 시험제시문에 따라 교시마다 시간배분을 고려하여 글을 써야 합니다. 자신 있게 알고 있는 한 문제에 집중하여 많은 분량과 시간을 할애한다면 합격할 수 없습니다. 시간이 부족해 다른 한 문제는 불충분한 답안이 작성될 것이기 때문입니다.

논술형 시험은 정해진 시간과 정해진 지문에 제시된 문제들의 중요도(점수)에 따라 배분해야 합니다. 한 문제당 25점이고 4문제 100점 기준일 때, 정성 들인 문제는 23점을 맞았고 시간제약으로 소홀한 한 문제는 15점을 맞았다면 잘못한 것입니다. 모든 문제에 20점을 목표로 안배하는 것이 효율적입니다.

또 한 가지는 글을 풀어가는 전개방식입니다. 글은 읽는 상대방, 즉 신문은 독자에게, 시험은 평가자에게 맞추어져 작성되어야 합니다. 신문을 볼 때 글자 그대로 읽기보다는 설명하는 순서, 즉 글자크기를 먼저 선별해 보면서 관계성을 파악하고 세부내용을 어떻게 전개하고 있는지를 확인하면서 읽어야 합니다.

신문에서 어떤 내용을 부각시켜 여론이 어떻게 전개되도록 의도하고 있는지, 그리고 무엇을 의도하기 위해 어떤 것을 강조하여 결론을 어떻게 내리고자 하는지를 살펴보면 재미있는 현상들을 발견할 수 있습니다.

동일한 사실을 두고도 신문사, 기자의 관점에 따라 다르게 표현되고, 사용되는 단어, 어휘, 화두내용에 따라 독자의 마음도 어떻게 다르게 다가오는지 느껴보기 바랍니다.

[출처 : 매일경제신문 2014. 7.5 1면 기사 발췌]

이 기사 내용을 보면 중국의 주석이 방문 중에 있었던 사실을 기사화한 것인데, 방한 중에 여러 사항이 있었던 내용 중에 꼬집어 일본의 문제를 신문 헤드라인(침팬지 공부법에 비유하면 대단원)에 올린 것은 '의도가 있음'이고, 그 내용을 부각시키기 위해 다른 비교대상이 있음에도 자위권을 예로 선택한 것도 '의도가 있음'입니다. 중단원 격의 주제도 세부내용에도 비슷한 내용이 있으나 중간제목으로 임진왜란을

군이 선택한 의도가 있습니다. 세부 내용을 보면 한정된 지면에 주요 사실을 헤드라인과 중간제목과 연계성 있는 내용만을 주요 내용으로 다루고 연관성이 부족한 내용은 관련기사 몇 면으로 정리한 것을 볼 수 있습니다.

이 기사는 중국 주석이 방한하였다는 단순 사실만을 제시해도 되는 내용입니다. 그러나 방한 중 언행한 내용을 의도에 맞추어 구성하였다는 것입니다.

수험자들은 기사 내용을 보다 더 깊은 의미까지 생각하여 읽는 습관을 갖는 것이 필력을 키우는 데 좋은 영향을 미칩니다 예를 들자면, '왜 이 시기에 방한하였을까?', '왜 다른 문제도 많은데 일본 문제를 중점적으로 헤드라인 기사화했을까?', '중국국가 주석은 왜 임진왜란 당시 협력하여 싸운 이야기를 왜 강조했을까?' 등등 많은 생각을 하면서 신문을 읽어야 합니다.

논술형 답안지 구성도 이와 마찬가지로 헤드라인 격의 제시문이 주어지면 중간제목을 어떻게 구성하고, 세부내용을 어떻게 전개시켜야 하는지를 생각할 수 있어야 합니다.

제시문 격의 헤드라인 핵심내용은 어떤 요소를 선택하여 헤드라인에 충족되도록 전개할지가 훈련되어 있어야 합니다.

논술시험 답안에서도 신문의 글과 같이 시험 제시문을 바탕으로 일반적 보편진리를 충실하게 다루면서 자신의 관점에서 재구성할 수 있어야 합니다. 여기서 재구성은 자신의 가치관으로 재구성하라는 의미가 아니고, 글로 표현함에 있어 신문과 같이 구성하는 방식으로 제시문에 맞게 자신의 논리를 주도적으로 펼쳐 나갈 수 있어야 한다는 뜻입니다.

논문을 읽을 때에도 제목은 왜 이렇게 했으며, 제목을 이렇게 정하였기 때문에 어떤 내용을 중간제목으로 잡아서 세부내용을 어떻게 설명하는지까지를 먼저 생각해보고 검토하는 훈련을 한다면 논술형 답안 작성에서도 자신의 논리를 자신의 생각대로 글로 표현할 수 있게 됩니다.

논술형 시험은 먼 훗날 자신의 깨우침을 세상에 알릴 수 있을 때를 대비하여 필력을 키우는 것입니다.

지금 당장 시험에 합격하고 싶다고 체계적인 공부 없이 남의 생각을 옮겨 적는 수준으로 답안을 작성하지 말고 자신의 생각을 표현할 수 있는 힘을 키워야 합니다.

단 유의할 점은 자신의 생각을 고민하고 정리할 때 지금 이 세상에서 보편타당하게 인정되고 적용되고 있는 것을 지나치게 비판적이고 부정적인 내용으로 구성해서는 결코 안 된다는 것입니다. 이 사회는 혁명보다는 개혁이고 개혁보다는 혁신이고 혁신보다는 변화가 먼저입니다. 작은 변화부터 시작되어 사회가 발전되어 간다고 생각하는 것이 좋은 관점입니다.

지금의 사회현상에 대해 자신만의 혁신적인 생각이 있다 하더라도 일단 현재를 인정하고, 점차적으로 긍정적인 변화를 이끌어 가는 생각이 답안에 제시되어야 합니다.

세상은 하루아침에 바뀌지도 않고, 바꿀 수도 없고, 바꾸어져서도 안 됩니다. 그 무엇으로 변화되어야 한다는 생각이 있다면 자신이 그것을 해낼 수 있다는 사람이란 걸 먼저 세상에 증명해 보여야 합니다. 그러고 나면 사람들과 함께 공감 속에서 작은 변화가 일어날 것이고 그 작은 변화들이 모여 세상이 바뀌고 발전되어 갈 것입니다.

3.2 자신만의 생각 정리

'기출문제분석노트'를 기본으로 하고 수집된 모든 자료를 참조하여 자신만의 '예상문제집'을 만들기 위한 '예상제시문 목차'를 작성합니다.

자신만의 '기출문제분석노트'가 작성되었다면 이번 과정은 그 내용들을 깊게 고민하는 과정입니다. '예상문제집' 작성을 위한 준비과정으로 깊은 고민을 할 시간입니다.

'기출문제분석노트'가 정리되어 있는 상태에서 자신만의 논리구성 방식으로 재구성한 자신만의 '예상문제집'을 만들어야 논술형 시험준비를 마친 것이라 할 수 있습니다. 시험분야에 따라 약간 다를 수는 있으나 최소 시험 1개월 전에는 완성되어 있어야 합니다.

'침팬지 공부법'에서 제시하는 논술형 시험 준비를 성실하게 수행하였다면 지금 여러분의 책상에는 기본서, 문제집, 논문, 학회, 세미나, 토론회 자료들 그리고 이 모든 내용을 정리해둔 '기출문제분석노트'가 준비되어 있어야 합니다. '기출문제분석노트'는 시험 종류와 과목별로 수십 쪽에서 수백 쪽까지 다양한 형태로 존재할 것입니다.

자신만의 생각 정리 과정에서는 '기출문제분석노트'를 기본으로 하고 수집된 모든 자료를 참조하여 자신만의 예상문제집을 만들기 위한 '예상제시문 목차'를 작성합니다.

예상제시문 목차 작성에는 많은 고민이 필요한데, 학원강사, 선구자 의견, 세미나 자료 등을 참조하지만 중요한 사실은 모든 문제를 예상 문제화하는 것이 좋습니다. 즉 족집게 문제를 찾는 것이 아니란 뜻입니다.

예상제시문 목차를 작성하고 자신만의 '예상문제집'을 만들어 가는 과정에서는 '기출문제분석노트'와 모든 참고자료를 반영하게 됩니다. 그리고 예상문제집이 완성되면 '기출문제분석노트'를 제외하고 참고자료는 모두 버려야 합니다.

논술형 시험은 몇 개월 공부해서 합격할 수 있는 시험이 아니란 것은 여러분도 이미 알고 있습니다. '기출문제분석노트'는 중단원 속에 소단원 격의 기출제시문들로 구성되어 있고, 관련 논문을 통해 내용도 다시 한 번 보완하였으며, 학회, 세미나 등에서 수집한 자료들을 기초로 업데이트되어 있습니다. 그렇다면 '기출문제분석노트' 이외에 더 훌륭한 자료는 없어야 합니다. 모두 버려도 자신 있어야 합니다.

예상제시문을 작성하는 방법은 '기출문제분석노트'를 참조하여 자신이 출제자라면 어떻게 제시문을 내겠다고 생각하고 정리하여 전 분야 내용이 한 가지도 빠짐없이 구성될 수 있도록 예상제시문을 작성하는 것입니다.

물론 '기출문제분석노트'에서 제시된 제시문과 비슷하게 작성될 것입니다. 그러나 비슷하게 구성되는 것이지 같게 구성하면 내용도 같아지므로 자신이 응용하여 직접 작성해야 합니다.

예상제시문 제목 작성은 시험에서 어떠한 주제가 주어져도 작성할 수 있다는 자신감이 들도록 모든 내용이 포함되어야 합니다.

기출 시험에 나온 제시문이 그대로 나오는 경우는 거의 없습니다. 중요해서 나온다 하더라도 방향은 다르게 나옵니다. 그런데 제시문을 정리하면서 자신의 생각으로 '이건 안 나올 거야'라고 무시하고 지나쳐 버리면 시험에 임박하여 불안증에 시달리게 될 것입니다. '그게 나오면 어떻게 하나, 준비가 안 했는데'라는 불안감 말입니다.

예상제시문 제목은 과거에 기출되었거나, 문제집에 제시된 제시문을 참조하여 동일한 제시문이 되지 않도록 고민하고 고민하여 만들어야 하는데, 단 작성될 답안지의 분량을 고려하여 작성합니다. 예를 들자면 'OOO에 대하여'라고 제시문을 작성하였다면 수십 쪽의 답안지가 작성되어야 할 것입니다. 시험 때보다 조금 더 많은 분량으로 작성되도록 예상제시문을 작성하는 것이 효과적입니다.

예상제시문의 패턴은 '대제목'의 '중제목' 중 '소제목' 분야의 OOO에 대하여(~으로) 논하라는 형식을 갖추어 자신만의 '예상문제집'이 완성되어야 합니다.

논술형 시험에서 선다형 시험보다 추가적으로 요구되는 능력은 사고의 힘을 글로 표현한다는 점과 정해진 시간 내에 정해진 분량의 답안지에 중간 수정 없이 자필시험을 본다는 점입니다.

혹시 자신은 사고의 힘과 글 쓰는 힘이 없다고 스스로 인정한다면, 선다형 시험까지의 인생으로 살아가면 되는 것입니다. 계속 강조하지만 인생은 자신이 선택하고 사는 것이지 하고 싶은 욕망을 실현시키지 못했다고 불행한 것은 결코 아니라고 생각합니다.

3.3 예상문제집 작성

남이 정리해둔 것, 기출문제 답안을 그대로 옮겨 적는다면 그것은 글씨 쓰기 연습을 통한 손가락 근력강화 훈련에 불과합니다.

선다형 공부는 결정된 사실의 지식만을 공부하는 방법이기에 그림에 비유하면 나무만이 그린 것이고, 논술형은 그 나무의 배경, 즉 환경까지 알아야 하는

공부이기에 그림으로 비유하면 완성된 그림입니다.

'기출문제분석노트'를 기초하여 여러 참고자료를 바탕으로 고민에 고민을 거듭하여 작성한 것이 전 과정의 '예상문제집' 제시문입니다.

이번 과정에서는 시험지와 동일한 양식에 결정된 제시문의 내용을 작성하는 것으로 시험장에서 그대로 옮겨 쓸 내용으로 자신만의 문제집 답안을 작성하는 것에 대해 알아보겠습니다.

지금까지 공부한 자료는 '기출문제분석노트'에 모두 함축시켰습니다. 선다형 2단계를 완료한 것과 같습니다.

시험과 동일한 '예상문제집'을 작성하는 이유는 자신만의 논리를 정립시키고도 답안지 형태로 정리해두지 않으면 시험장에서는 모두 아는 것인데 쓰지 못하거나 엉뚱하게 작성하게 되어 원하는 성과를 내지 못하기 때문입니다. 즉 답안을 알고 있어도 글로 표현하기는 어렵다는 것입니다.

'기출문제분석노트'를 기초하여 자신이 출제자라는 마음으로 작성한 예상 제시문의 답안을 완벽하게 작성하는 것이 중요합니다.

논술형 시험의 종류에 따라 약간 다를 수는 있겠지만 한 교시당 150분 동안 4문제를 작성하고 4교시를 보게 된다면 하루 종일 16문항의 제시문을 작성하는 셈이며 한 문제당 3~4쪽 이상 작성되므로 48쪽을 작성하는 시험입니다.

자신이 작성하게 되는 예비 제시문은 아마도 16문항의 8~10배의 제시문입니다. 즉 최대 160개의 제시문에 640쪽 정도의 답안이 작성됩니다. 전 과정에서 작성한 예비 제시문항이 10배가 넘어가면 예비 제시문을 너무 세분화시킨 것이 될 것이고 5배 이하라면 누락시켰거나 너무 포괄적으로 예비 제시문을 선정한 결과로 생각하면 됩니다. 그러므로 자신만의 예상답안을 작성하기 전에 예비 제시문을 충분히 분석하고 검토하고 보완하여 시험에 그대로 제시될 수 있는 자신만의 예상문제집으로 완성되도록 노력하는 것이 좋습니다.

몇 번 떨어졌나요?

첫 시험에 합격하지 못하였다면 시사적인 문제가 계속 추가되면서 자신의 문제는 계속 늘어날 것이나, 작성된 '기출문제분석노트', '예상문제집'은 계속 보완될 것입니다. 황영조 선수가 마라톤 우승 이유를 묻자 마라톤이 정말 싫어서 빨리 끝내고 싶어 죽어라 했다는 말을 하였습니다. 집중, 몰입이 답입니다.

'예상문제집'을 만들기 위한 예비 제시문의 답안을 작성하는 것은 상당한 시간을 요구하는 작업입니다. 23줄 A4 시험용지일 경우에는 비교적 빠르게 작성한다 해도 약 6~7분이 소요됩니다. 시험장에서 요구되는 수준의 시간입니다.

제시문의 답안을 작성할 때는 '기출문제분석노트'에 기초하여 각종 자료들을 검토하고 자신만의 논리를 반영하면서 글 구성을 고민하여 시험과 동일한 패턴으로 정리하게 되면 문제당 약 30분 정도 소요됩니다. 하루 10시간 순 공부시간을 확보한다 해도 2주는 족히 소요됩니다. 저자의 경우 120개의 예비 제시문을 작성하는 데 한 달 정도 소요되었고 선행공부가 부족한 단원 예비 제시문의 경우에는 하루종일 한 문제를 겨우 작성한 기억도 있습니다.

'기출문제분석노트'를 얼마나 충실하게 작성하였느냐가 예비 '예상 문제집' 작성 시간을 줄일 수 있느냐의 관건이 될 수 있습니다. '기출 문제분석노트' 내용이 부실하다면 다시 기본서와 참고 자료들을 찾아 헤매다가 상당한 시간을 소비하게 됩니다.

남이 정리해둔 것, 기출문제 답안을 그대로 옮겨 적는다면 그것은 글씨 쓰기 연습을 통한 손가락 근력강화 훈련에 불과하게 됩니다. 구성내용은 분명 비슷할 것이나, 단어, 어휘, 조사, 전개순서, 결론의 방향 등에서 자신만의 특성을 반영하여 남들과 다르게 힘 있는 필력이 되도록 작성되어야 합니다.

남이 작성해둔 자료, 문제집에 있는 자료를 그대로 옮겨 작성하는 것은 60점 합격선에서 58점을 받아 항상 떨어지겠다는 것과 같은 행위가 될 수 있습니다. 답안지에서 자신만의 임팩트가 없다면 좋은 점수를 받기 어려운 게 논술형 시험입니다. 이유는 58점대의 답안지는 일반적인 수험자들도 쓸 수 있기 때문입니다.

논술형 시험은 요약 논문 쓰기와 비슷하다 하였습니다. 학회에서 발표되는 논문 1편의 분량은 A4 6~9쪽 정도입니다. 논술형 시험도 이와 비슷합니다.

시험에서 이러한 논문 한 편을 1/3 정도로 축약하여 작성하는 것과 비슷한 것이 논술형 시험 답안분량입니다.

'예상문제집'을 작성할 때는 그림이든, 표든 무언가 더 정성과 고민을 반영하여 이해하기 쉽고 명쾌하게 논술할 수 있도록 몇 번이고 수정하면서 작성한다면 좋은 문제가 만들어질 것이기 때문입니다.

내용만을 장황하게 열거하다 보면 알맹이 없는 서술에 불과한 답안지가 작성되고, 너무 함축하다 보면 내용 전개에서 이가 빠진 것 같이 매끄럽지 못한 답안지가 작성됩니다.

답안을 작성하는 문장의 구성 방식을 다시 한 번 설명하자면 크게 서술식과 개조식으로 구분되는데, 서술식은 지금의 글과 같이 내용을 완전한 문장으로 풀어서 설명하는 것이고, 개조식은 중요하고 핵심적인 요소만을 간추려서 항목별로 나열하듯이 표현하는 것입니다.

저자의 견해로는 답안은 개조식을 중점으로 한 서술식 표현으로 작성하는 것이 바람직합니다. 그렇게 하기 위해서는 중요 핵심 사항을 개조식으로 함축시키고 그 문구들을 연결하면서 서술형식으로 작성해야 합니다.

다음 과정에서 자기 자신을 가르치게 되는데, 이때 개조식으로만 구성해 두면 보기에는 깔끔할 수 있으나 왠지 암기해야 한다는 중압감이 올 수 있습니다.

답안 구성내용 방향은 제시문들도 긍정적인 방향을 요구하겠지만, 내용 또한 긍정적으로 작성합니다. 문제점을 나열하더라도 개선을 위한 문제점 도출이 되어야지, 비판이 되거나 대책 없는 문제를 자신의 독특한 생각으로 전개시키면 좋은 평가로 이어지기 어렵습니다.

이렇게 해서 '기출문제분석노트'를 바탕으로 예비 제시문을 선별하고 난 후 내용을 작성하고 나면 수백 쪽의 자신만의 문제집이 완성됩니다.

자신만의 '예상문제집'을 완성하고 나면 세상에서 오직 자신만의 것인 '기출문제분석노트'와 '예상문제집' 두 권이 만들어집니다.

여기까지 완성하지 않는 이상 시험 준비가 된 것이 아닙니다.

자신이 잘 쓸 수 있는 제시문이 나올 것이라는 요행을 바라는 생각으로 시험에 응하면 아이러니하게도 완전히 모르는 분야의 문제가 나올 수 있습니다. 그러면 또 탈락할 것입니다. 그리고 또 몇 개월, 몇 년을 소비하게 될지 모를 일입니다.

'예상문제집' 작성 과정 없이는 자신이 아무리 많이 알고 있고, 설명할 수 있다 하더라도 정작 시험에 응하면 생각은 되나 글로 표현이 안 되는 상황에 직면하여 당황하게 됩니다. 능력이 없는 것이 아니고 준비가 부족한 것입니다.

자신만의 '예상문제집'을 완성하고 나면 지금까지 참고한 자료들은 모두 버려도 좋습니다. 그 자료들을 다시 보면 누락된 것이 없나 하고 자꾸 혼란스러워지기만 할 뿐입니다. 누락되었다면 그것은 몰라도 되는 것이라고 생각하면서 정리할 당시의 자신을 믿어야 합니다.

'기출문제분석노트'와 '예상문제집'이 있기에 걱정하지 않아도 됩니다.

단, 최종합격하기 전까지는 자신이 작성한 '기출문제분석노트'와 '예상문제집'은 절대 공개하지 말아야 합니다. 자신이 합격하기 전까지의 모든 자료는 인정을 받지 못하는 불합격자의 노트이고 문제집이기 때문입니다. 아마도 공부와 무관한 사람에게 학습결과물이라고 자랑하면 속으로 그럴지 모릅니다. '그래서? 합격했니?', '합격이나 하고 얘기해라!' 또한 같은 공부를 하는 친구에게 복사해 주면 좋은 참고자료를 주어 감사하다는 인사는 받겠지만 자신만의 소중한 자료는 남에게는 아무것도 아닌 참고자료임을 알고 있어야 합니다. 지금까지 자기 자신도 그랬듯이 말입니다.

자신만의 소중한 경쟁력을 공유하여 자신의 경쟁력을 떨어뜨리겠다는 어리석은 짓은 하지 않을 것이라 생각합니다.

이 책을 읽고 있는 독자 중에 몇 명이 지금의 단계까지 오게 될지 모르겠지만 아마도 자신 스스로 판단하여 공개하지는 않을 것입니다. 단 멘토나 선구자와 함께 보완하기 위한 목적이라면 적극 공개하고 조언을 받아야 합니다.

'예상문제집'은 너무나 소중한 자료라는 느낌은 본인 스스로 들 것입니다.

3.4 입과 몸으로 체화

> 시험 전날 모든 시험범위를 볼 수 있는 '기출문제분석노트와 예상문제집' 두 권의 자료는 시험장에서 자신도 모르게 노트의 한 쪽 한 쪽이 사진처럼 기억되는 기적을 체험할 것입니다.

논술형 과정에서 자필로 작성된 두툼한 두 권의 자신만의 노트를 만들었습니다. 한 권은 수년 동안의 기출문제를 다시 학습하면서 재구성하여 작성한 '기출문제분석노트'고, 다른 한 권은 스스로 예비 제시문을 설정하고 여기에 자신의 논리까지 반영된 '예상문제집'입니다.

이제는 마지막 과정으로 이 두 권의 노트가 자신과 한 몸이 되도록 하는 체화시키는 과정입니다.

침팬지의 영상기억법은 자신이 직접 자필로 작성한 자료만이 해당된다고 하였습니다. 힘든 과정이지만 이 과정 없이 논술형 시험에서 합격하려는 마음은 욕심입니다. 설령 운 좋게 합격하였다 하더라도 공부를 체계적으로 하지 못하였기에 항상 기초가 불안한 건물 같은 기분이 들 것입니다.

눈과 입과 귀와 머리가 아무리 공부를 많이 했어도 사람은 잊어버리는 게 정상입니다. 논술과목이 몇 과목이냐에 따라 공부 기간도 길어질 것이고, 1년 전에 한 공부는 부분적으로 잊을 수밖에 없습니다.

잊지 않기 위해서는 두 가지 방법뿐입니다. 한 가지는 시험 전날 모두 다시 볼 수 있는 준비가 되어 있어야 하고, 두 번째는 시험과 동일하게 작성한 답안지를 사전에 자신의 몸에 체화시켜야 합니다. 즉 체화는 말로 물으면 말로 즉시 답변할 수 있도록 훈련되어 있어야 한다는 뜻입니다. 이 두 가지를 준비한다면 합격이 가능합니다.

첫 번째 준비사항인 시험 전날 모든 시험범위를 볼 수 있는 자료는 '기출문제분석노트와 예상문제집' 두 권을 이미 완성하였습니다. 선다형에서 설명한 '영상기억법'에 의하여 자신도 모르게 노트의 한 쪽 한 쪽이 사진처럼 기억될 것입니다.

혹시 지금 떠오르지 않는다고 걱정할 필요는 없습니다. 이번 체화과정을 수행하고 나면 머릿속에 명확하게 기억될 것이기 때문입니다.

'기출문제분석노트'를 작성하면서 상세한 개념까지 이해하였고 이를 함축적으로 노트에 옮겨 적었으며, 이 노트에 문제의 패턴과 중요사항이 자연스럽게 녹아들어 있고 이 노트와 수집된 자료를 기초로 자신만의 '예상문제집'을 만들었습니다. 이 과정을 마친 지금의 여러분은 어떤 기분이 들지 상상해보기 바랍니다. 저자의 경우는 내일 갑작스럽게 시험을 보면 좋겠다는 이기적인 생각이 들었습니다. 그만큼 자신감이 충만할 것입니다.

자신의 노트를 쳐다만 봐도 지나온 일들이 파노라마처럼 기억될 것입니다. 이유는 바로 자신이 직접 작성했기 때문입니다.

그럼 이제부터는 자신이 작성한 자신만의 문제를 체화시켜야 합니다. '기출문제분석노트'는 '예상문제집'을 만든 기본서가 되고 '예상문제집'은 체화의 대상, 즉 영상매체물의 대상이 되는 것입니다.

특별한 경우가 아닌 이상 결코 과거에 보았던 책이나 문제집으로 되돌아가서는 안 됩니다. 다시 한 번 말하지만 자신이 작성한 노트의 쪽마다 영상기억법에 의해 저장되어 있는데 자꾸 새로운 것을 혼란스럽게 추가할 이유는 없습니다.

참고자료들을 버렸다면 아예 볼 수 없으니 다행이지만 자신에게 체화시키는 과정에서 자꾸 더 자세하게 추가하고 싶은 생각이 들게 되고 더 보완하고 싶어 찾으려 할 것입니다. 반드시 필요한 내용이라면 모르겠지만 그것이 아니라면 처음 작성할 때의 자기 자신을 못 믿고 무시하는 행위이므로 되도록 삼가야 합니다.

체화시키는 방법은 '예상문제집'만으로 선다형의 1단계인 눈으로 2단계인 손으로 우선 보완하는 것입니다.

선다형의 1단계에서는 대단원-중단원-소단원 패턴으로 책 넘김을 수행하였지만 논술형의 '예상문제집'에서는 첫 쪽부터 순차적으로 눈으로 읽습니다. 다섯 번을 눈으로 읽게 되는데 세 번까지는 볼펜을 사용하지 말고 눈으로만 빠르게 읽어나가고, 읽다 보면 모르는 단어,

생소한 단어 및 어휘 등이 튀어 올라옵니다. 선다형 2단계에서 연필로 보완하듯이 '예상문제집'에 보완합니다. 4~5번째부터는 청색 볼펜으로 밑줄을 긋는 것입니다. 추가 보완할 사항이 발생하면 기출문제노트를 보고 '예상문제집'을 보완하고, 그래도 부족하면 기본서를 통해 보완합니다.

이렇게 5회독을 진행하면서 자신이 작성한 문제고 답인데도 불구하고 부족한 부분을 재발견하게 되고 이를 다시 보완한 후 본격적인 체화 과정을 준비하게 됩니다. 내 몸에 체화시키세요.

눈으로 '예상문제집' 5회독을 하고 나면 선다형 3단계 방법인 '입으로'를 수행하는 것이 체화시키는 과정입니다. 자세한 방법을 다시 확인할 필요가 있다면 선다형 3단계를 다시 한 번 읽어보기 바랍니다.

자신이 직접 작성한 '기출문제분석노트', '예상문제집'을 믿어야 합니다. 믿지 못한다면 가식적인 공부를 한 것과 비슷합니다. 보여주기식 공부 말입니다. 주변 사람들(공부는 열심히 하는 것 같은데 성과는 안 나오는 사람) 중에 자료만 열심히 수집하고, 정리는 잘하는데 합격하지 못하는 사람들을 자세히 보면 자신의 이해 없이 옮겨 적기에 급급하여 자신이 작성하고도 신뢰하지 못하는 사람들이 많습니다. 이는 2단계 첫 번째의 연필과정에서 모르는 단어 사전 찾기부터 진정성을 가지고 하지 않은 결과입니다.

자신이 작성한 '기출문제분석노트'와 '예상문제집'을 완성했을 때 '이번 시험은 여기 있는 내용을 벗어나지 못할 것이다'라는 확신이 생겨야 합격할 수 있습니다.

'체화되었다'라는 기준은 앞에서 이야기한 바와 같이 자다가 물어봐도 제시문만 주면 말로 설명할 수 있어야 하는 정도입니다. 외워서는 결코 할 수 없습니다. 체화되어야만 가능한 일입니다. 체화는 온몸으로 하게 됩니다.

자신의 문제집을 눈으로 5회독한 후에는 소리 내어 자기 자신을 가르칩니다. 자신이 선생님이고 학생이며, 출제자이고 수험자라는 설정입니다.

눈으로 공부하는 과정은 글자만 읽고 뇌에서 생각합니다. 그러나 소리 내어 설명해보면 글과 말이 어울리지 않는 부분을 발견하게 될 것입니다. 문법적인 조사 한 글자까지 신경 쓰이게 됩니다.

자기 자신에게 강의하는 방법은 '예상문제집'을 보면서, 예를 들자면 "야 길동아! 이 문제가 시험에 나올 수 있는 점은 OO 때문에 중요하고 사회적 이슈가 되기 때문이야! 그러니까 지금부터 내가 설명할게, 잘 들어봐! OO에서 OO은 OO측면에서 중요해, 그런데 그것은 어떻게 생각하느냐를 고민해 보자구! 먼저 이 문제가 어떻게 받아들여지는지를 생각해보자. 그것을 개요에 표현해보자면 OO으로 이야기할 수 있는데 그것을 설명하자면 크게 OO, OO, OO으로 대별하여 구분하여 설명하는 것이 효과적이겠지? 자 그럼 먼저 OO는 OO, OO이고 지금까지 설명한 내용을 종합해 볼 때 개요에서 이야기한 바와 같이 OO, OO으로 결론 내릴 수 있는거야, 알겠니?" 이런 식입니다.

자신에게 설명하다 보면 신기한 경험을 하게 됩니다. 설명하는 순서가 어색하여 바꾸어야 할 곳이 나오고 단어가 엉뚱하게 느껴져 풀어서 써야 할 곳이 생기고, 논리 전개순서도 정정하게 되고, 무엇을 이야기하기 위해 무엇을 추가시켜야 하는지 등의 보완이 필요해진다. 이때는 즉시 수정하면서 자신에게 다시 한 번 설명합니다. 수정하는 내용과 범위가 넓어지면 다시 작성하는 것도 선다형과 동일합니다. 회독수가 많아질수록 내용은 자신과 더욱 깊게 체화됩니다.

3.5 영상기억법 체험

> 시험장에서 자신의 노트와 문제집의 내용이 동영상을 보듯이 기억나는 체험을 경험하였다면, 분명 좋은 결과로 이어질 것을 확신합니다.

시험에서 자신이 작성한 '예상문제집'과 동일한 문제는 단 한 문제도 출제되지 않습니다. 동일한 주제라도 요구하는 방향이 조금이라도 다를 것이고 전개과정에서 어떤 것은 더 추가하고 어떤 것은 빼야 하며, 다른 주제의 것을 인용하고, 비교하고, 어떤 부분을 상세하게 설명해야 합니다.

자신의 문제와 시험문제는 다르게 출제될 것이나 '예상문제집'의 내용이 체화되어 있다면 두려운 마음이 아닌 자신감이 충만할 것입니다.

저자의 경험에 의하면 시험문제를 보는 순간 자신도 모르게 답안지가 머릿속에 그려졌습니다. 필름 돌리듯이 어느 문제의 어느 부분을 어떻게 응용하여 설명하고 논리는 어떻게 전개시킬지 그리고 자신만의 결론은 어떻게 도출할 것인지가 신비스럽게도 모두 떠올랐습니다.

영상기억법의 매체인 '예상문제집'에서 어떤 문제가 메인을 이루고 어느 문제의 어느 부분을 보완하여 제시하고 기출문제노트의 어느 한 부분을 응용하여 어떤 내용을 임팩트있게 주장하여 전개하겠다는 답안 그림이 순차적으로 떠올랐습니다.

확신하는 이유는 여러분은 '기출문제분석노트'를 작성하였고, 자신만의 '예상문제집'을 작성하고 체화시키는 과정에서 자신도 모르게 학습되었기 때문입니다.

시험지를 받아본 순간 제시문은 답안지를 어떻게 작성하라고 알려주고 있음을 파악할 줄 알아야 합니다. 즉 개요(대단원-중단원-소단원-세부내용)와 결론의 구성까지를 어떻게 작성하라고 수험자에게 지시하고 있음을 직감할 수 있도록 노력해야 합니다.

시험장에서는 제시문을 보고 생각나는 대로 시험지에 낙서하듯이 최초 소목차까지는 써두고 다시 한 번 검토 구성하여 본 내용을 작성합니다.

논술형 시험은 처음에 생각이 나지 않았다가 나중에 생각난다고 해도 컴퓨터처럼 엔터(Enter)를 치고 삽입할 수 없습니다. 답안지에 작성된 내용은 해당되는 구성부분에서 한번 지나가면 보완할 수 없습니다. 줄을 긋고 수정한다면 이미 탈락에 가까워지고 있는 것입니다. 하물며 그럴 시간조차도 없는 것이 논술형 시험의 특성입니다.

또 한 가지 신기한 점은 이 문제를 쓰고 있는데 저 문제의 내용이 떠오르는 것입니다. 그러면 즉시 제시문 시험지의 임시목차에 다시 보완하고 계속 쓰던 문제의 답안을 쓰면 됩니다. 이러한 현상은 뇌에서 사진을 파노라마처럼 돌리다 보니 중간에 검색된 것인데, 이때 이미 답안지 작성을 마친 문제가 생각났다면 아쉽지만 수정하지 않는 것이 좋습니다.

그 이유는 답안지는 자신의 얼굴이기 때문입니다. 자신의 얼굴에는 점 하나도 정성껏 찍어야 합니다. 글씨체도 당연히 중요하겠지요. 평가자는 답안지를 읽는 순간, 아니 읽기도 전에 답안지에서 풍겨 나오는 수험자의 수준을 거의 파악해 버립니다.

심지어 어떤 기본서를 본 사람이고 어떤 문제집을 본 사람이라는 것까지 구분할 수 있는 사람들이 출제자고 평가자입니다. 자신의 답안지 글씨체와 정성도는 자신의 얼굴이고 답안지의 내용은 자신의 뼈대고 살입니다. 얼굴도 보기 싫다면 그다음은 무슨 느낌이 들겠습니까? 그러므로 글씨는 악필이라도 정성껏 쓰는 습관을 유지하고 글씨 크기는 평가자의 연로함을 배려하여 조금 크게(13폰트 정도) 작성하는 것이 적정합니다. 시험장에서 자신의 노트와 문제집의 내용이 동영상 보듯이 기억나는 체험을 경험하였다면, 분명 좋은 결과로 이어질 것을 확신합니다.

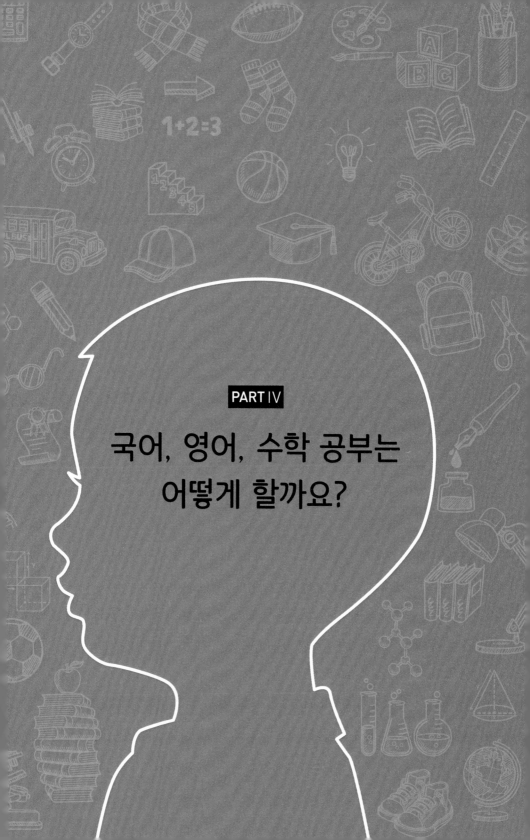

PART IV

국어, 영어, 수학 공부는
어떻게 할까요?

I 수능시험 공부는 어떻게 할까요?

1.1 한국교육과정평가원

    수능시험을 총괄하는 한국교육과정평가원에서는 매년 시행되는 수
능시험의 모든 것을 공시하고 그 공시 내용대로 수능 시험을 치릅니다.
어떤 문제가 나올지만 제외하고 모든 것을 공개하고 있습니다.

    한국교육과정평가원은 우리나라 교육을 주관하는 곳입니다.

한국교육과정평가원 홈페이지

    또한 대학수학능력시험의 별도 연계 홈페이지에서는 과목별 세부
출제 범위 및 방법까지 모두 공시하고 있습니다.

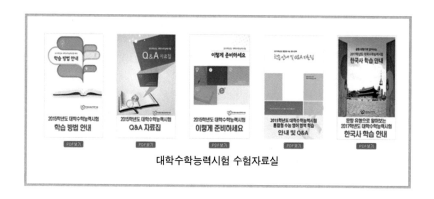

대학수학능력시험 수험자료실

금년도 대학수학능력시험에 공시된 주요 내용을 발췌하여 제시합니다.

대학수학능력시험 시행기본계획

I. 시험 개요

1. 시험의 성격 및 목적
○ 대학수학능력시험은 대학교육에 필요한 수학 능력을 측정하고,
○ 고등학교 교육과정의 내용과 수준에 맞추어 출제하여 고등학교 교육의 정상화에 기여하며,
○ 개별 교과의 특성을 바탕으로 신뢰도와 타당도를 갖춘 시험으로서 공정성과 객관성이 높은 대입 전형자료를 제공하는 데에 목적이 있다.

II. 출제

1. 출제 기본 방향
가. 출제 원칙
(1) 학교교육의 정상화에 기여할 수 있도록 고등학교 교육과정의 내용과 수준에 맞추어 출제한다.
○ 학습내용이 편중되지 않도록 고등학교 교육과정 전 범위에서 출

제함.

○ 교육과정상 중요한 내용은 이미 출제되었더라도 출제할 수 있음.

○ 고등학교 교육과정을 정상적으로 이수하여 중요한 개념과 원리를 이해하면 풀 수 있도록 출제함.

○ EBS 수능교재 및 강의와 연계하여 출제하되, 교육과정에서 중요하게 다루고 있는 개념과 원리 중심의 연계 출제를 강화함.

　- 연계 비율 : 문항 수 기준으로 70% 수준

　- 연계 대상 : 당해 연도 수험생을 위한 교재 중 평가원이 감수한 교재 및 강의

　　※ [부록]의 수능 –EBS 연계 대상 교재 목록 참조

　- 연계 유형 : 영역별로 차이가 있으나 중요 개념이나 원리의 활용, 지문 재구성, 그림·도표 등의 자료 활용, 문항 변형 등

○ 고등학교 교육과정은 중학교 교육의 성과를 바탕으로 하고 있으므로 공통 교육과정의 내용을 간접적으로 관련지어 출제할 수 있음.

(2) 기본 개념과 원리에 충실하고, 추리·분석·종합·평가 등의 사고력을 측정하도록 출제한다.

○ 대학에서의 수학에 필요한 기초적 개념과 원리의 이해, 종합적 사고력을 묻는 문항을 골고루 출제함.

○ 국어, 영어 영역의 경우 출제범위를 바탕으로 다양한 소재의 지문과 자료를 활용하여 출제함.

○ 수학, 사회/과학/직업탐구 및 제2외국어/한문 영역은 개별 교과

의 특성을 고려하여 개념과 원리를 바탕으로 한 사고력 중심의 문항을 출제함.

나. 영역별 출제 방향

(1) 국어 영역

○ 국어 영역에서는 어휘·개념, 사실적 이해, 추론적 이해, 비판적 이해, 적용·창의 등 국어 활동과 관련된 사고력을 측정하는 데 역점을 둠.

○ 국어 A형은 교육과정에 제시된 국어 교과의 화법과 작문I, 독서와 문법I, 문학I 과목을 바탕으로 다양한 소재의 지문과 자료를 활용하여 출제함.

○ 국어 B형은 교육과정에 제시된 국어 교과의 화법과 작문II, 독서와 문법II, 문학II 과목을 바탕으로 다양한 소재의 지문과 자료를 활용하여 출제함.

(2) 수학 영역

○ 단순 암기에 의해 해결할 수 있는 문항이나 지나치게 복잡한 계산 위주의 문항 출제를 지양하고 계산, 이해, 추론, 문제해결 능력을 평가할 수 있는 문항을 출제함.

○ 교육과정에 제시된 수학 교과의 수학 과목은 시험 출제 범위에 속하는 내용과 통합하여 출제할 수 있음.

○ 수학 A형은 교육과정에 제시된 수학 교과의 수학I, 미적분과 통계 기본 과목을 바탕으로 출제함.

○ 수학 B형은 교육과정에 제시된 수학 교과의 수학Ⅰ, 수학Ⅱ, 적분과 통계, 기하와 벡터 과목을 바탕으로 출제함.

(3) 영어 영역

○ 영어과 교육과정 성취기준의 달성 정도와 대학에서 수학하는 데 필요한 영어 사용 능력을 측정함.
○ 고등학교 교육과정에 제시된 영어 교과의 영어Ⅰ, 영어Ⅱ 과목을 바탕으로 다양한 소재의 지문과 자료를 활용하여 출제함.
○ 교육과정의 기본 어휘와 함께 시험 과목 수준의 어휘 중에서 사용 빈도가 높은 것을 사용하여 출제함.

(4) 사회탐구 영역

○ 사회탐구 영역의 개념·원리의 이해 능력과 탐구 능력 등을 측정하도록 출제함.
○ 고등학교 교육과정에 제시된 내용의 이해 능력은 물론 해당 과목 학습을 통해 형성된 탐구 능력 및 문제 해결 능력도 측정할 수 있도록 출제함.
○ 평가의 내용이나 소재 선택은 교육과정의 범위와 수준에 근거하되, 일상생활에서 접할 수 있는 내용 및 시사성이 있는 교과서 이외의 소재나 내용도 출제에 포함시킴.

(5) 과학탐구 영역

○ 과학 개념에 대한 이해 및 적용, 탐구 능력 등을 측정하도록 출제함.

○ 종합 사고력과 개념의 이해 및 적용을 측정하도록 단원 간 통합 문항을 출제할 수 있음.

○ 문제 상황은 학문적 상황과 함께 일상생활에서 접할 수 있는 내용 및 시사성 있는 소재를 고르게 활용함.

(6) 직업탐구 영역

○ 5개 시험과목에 속하는 출제범위 과목들의 2007 개정 교육과정상에 명시된 교육 목표 및 내용의 범위와 수준에 근거하여 출제함.

○ 교육과정의 내용과 수준에 적합한 교과 내용을 직업기초능력평가의 문제해결능력(전공필수) 측정에 적합하도록 문제 상황으로 구성함으로써 마이스터 및 직업계열 특성화 고등학생이 동일·유사계열 대학에서 전공 내용을 수학하는 데 필요한 문제해결능력을 측정할 수 있도록 출제함.

○ 직업기초능력평가 문제해결영역(전공필수) 교과 내용에서 다루고 있는 개념 및 원리에 대한 이해력과 문제를 해결해 나가는 일련의 과정에서 요구되는 사고력을 측정할 수 있는 형태로 출제함.

○ 교과 중심의 문제해결능력 측정을 위하여 교과서뿐만 아니라 교육과정의 범위와 수준에 근거하여 도출된 평가 목표를 달성하는 데 적합한 학문·이론, 실험·실습, 일상생활, 직장생활 관련 내용이 포함된 지문 및 자료들을 문제 상황의 소재로 재구성하여 출제함.

○ 상업 정보 시험과목에 속하는 출제범위 과목 중 회계 원리는 한국 회계기준원의 회계기준위원회에서 공표한 '일반기업회계기준(2010년 12월 30일 공표)'과 '한국채택국제회계기준(2010년 공표)'을 적용하여 출제함. 단, 두 회계기준의 내용이 다를 경우 문두에 어느 회계기준으로 처리할 것인지를 명시하고 다른 회계기준을 배운 수험생들의 이해에 도움을 주는 내용을 주석으로 달아 출제함.

(7) 제2외국어/한문 영역

○ 제2외국어 과목은 생활 외국어의 언어 사용 측면이 강조된 문항을 중심으로 출제함.

○ '의사소통 기본 표현'과 '기본 어휘표'에 제시되어 있지 않은 낱말을 사용할 경우에는 주석을 달아 출제함. 단, 고유 명사와 수사는 예외로 함.

○ 한문 과목은 한문에 대한 언어적, 문학적, 사상적, 문화적 이해 전반을 다루는 '한문' 영역(읽기, 이해, 문화), 한문에 대한 문법적 이해 측면을 다루는 '한문 지식' 영역(한자, 어휘, 문장)의 이해와 활용 능력을 측정함.

○ 고등학교 교육과정에 규정된 다음의 문법 사항은 출제 범위에서 제외함.

<표> 교육과정에 규정된 제외 문법 사항

과목명	제외 문법 사항
독일어 I	• 사용 빈도가 낮은 불규칙 명사와 외래 명사의 변화 • 4격 목적어를 2중으로 취하는 동사 • 복합 시칭 중 미래 완료 • 2격 목적어를 취하는 재귀 동사 • 수동형 중 미래 수동, 미래 완료 수동 및 과거 완료 수동 • 현재 분사나 미래 분사에 의한 분사적 표현 • 준관계 대명사 • 접속법 I식 • sein, haben, werden 그리고 화법 조동사를 제외한 나머지 동사들의 접속법 II식 형태 • 부문장의 단축
프랑스어 I	• 직설법 대과거, 단순 과거, 전과거, 단순 미래, 전미래 • 명령법 과거 • 공손한 표현의 용법을 제외한 조건법 • 접속법 • 제롱디프를 제외한 분사 구문 • 수동태 • 관계 대명사
스페인어 I	• 직설법 과거 완료, 직전 과거, 미래 완료 • SE의 특수 용법 • 가능형 • 접속법 • 관계 부사와 관계 형용사 • 2인칭 복수 재귀 명령형
러시아어 I	• 형동사, 부동사, 수사 중 복잡한 문법 사항
아랍어 I	• 함자(الهمزة)의 난해한 받침 규칙 • 불규칙 복수 유형 • 파생형 동사의 수동태 • 상태(التمييز) 문장과 수사를 제외한 탐이즈(الحال) • 미완료 동사 강세형 • 난해한 강조 구문(التأكيد)과 제외문 • 동사의 쌍수형 • 관계 대명사의 쌍수형 • 축소 명사 • 관용적으로 쓰이는 표현을 제외한 조건문

2. 출제범위, 문항유형 및 배점

가. 영역/과목별 출제범위 및 선택 방법

○ 대학수학능력시험은 국어, 수학, 영어, 탐구(사회/과학/직업) 영역 및 제2외국어/한문 영역으로 구성되며 전부 또는 일부 영역의 선택이 가능함.

○ 국어, 수학 영역은 A형과 B형 중 하나를 선택할 수 있음. 단, 수험생의 학습 부담 경감 등을 위하여 국어 B형과 수학 B형을 동시에 선택하는 것은 제한됨.

○ 사회/과학/직업탐구 영역 중 하나의 영역을 선택함.

   - 사회탐구 영역은 10개 과목 중 최대 2개 과목, 과학탐구 영역은 8개 과목 중 최대 2개 과목까지 선택 가능함.

   - 직업탐구 영역은 5개 시험과목 중 1개 과목만 선택 가능함.

     ※ 직업탐구 영역은 전문계열의 전문 교과를 80단위 이상 이수해야 응시할 수 있음.

○ 제2외국어/한문 영역 응시자는 9개 과목 중 1개 과목만 선택함.

○ 사회/과학/직업탐구 및 제2외국어/한문 영역은 선택과목 간 난이도 조정에 유념하여 출제함.

나. 문항유형 및 배점

○ 문항유형은 5지선다형으로 하며, 수학 영역에서는 단답형 문항을 30% 포함함.

○ 문항당 배점은 국어, 영어, 사회/과학/직업탐구 영역은 2, 3점, 수

학 영역은 2, 3, 4점, 제2외국어/한문 영역은 1, 2점으로 하되, 문항의 중요도와 난이도, 소요시간 등을 고려하여 차등 배점함.

영역/과목별 출제범위, 문항유형 및 배점

구분 영역		문항 수	문항유형	배점 문항	배점 전체	시험 시간	출제범위(선택과목)
국어 (택 1)	A형	45	5지선다형	2,3	100점	80분	화법과 작문I, 독서와 문법I, 문학I을 바탕으로 다양한 소재의 지문과 자료를 활용하여 출제
	B형						화법과 작문II, 독서와 문법II, 문학II를 바탕으로 다양한 소재의 지문과 자료를 활용하여 출제
수학 (택 1)	A형	30	1~21번 5지선다형, 22~30번 단답형	2,3,4	100점	100분	수학I, 미적분과 통계 기본
	B형						수학I, 수학II, 적분과 통계, 기하와 벡터
영어		45	5지선다형 (듣기17문항)	2,3	100점	70분	영어I, 영어II를 바탕으로 다양한 소재의 지문과 자료를 활용하여 출제
탐구 (택 1)	사회 탐구	과목당 20	5지선다형	2,3	과목당 50점	과목당 30분 (최대 60분)	생활과 윤리, 윤리와 사상, 한국사, 한국 지리, 세계 지리, 동아시아사, 세계사, 법과 정치, 경제, 사회·문화 10개 과목 중 최대 택 2
	과학 탐구	과목당 20	5지선다형	2,3	과목당 50점	과목당 30분 (최대 60분)	물리I, 화학I, 생명 과학I, 지구 과학I, 물리II, 화학II, 생명 과학II, 지구 과학II 8개 과목 중 최대 택 2
	직업 탐구	시험 과목당 40	5지선다형	2,3	시험 과목당 100점	시험 과목당 60분	농생명 산업(농업 이해, 농업 기초 기술), 공업(공업 입문, 기초 제도), 상업 정보(상업 경제, 회계 원리), 수산·해운(해양 일반, 수산·해운 정보 처리), 가사·실업(인간 발달, 컴퓨터 일반) 5개 시험과목 중 택 1
제2외국어/ 한문		과목당 30	5지선다형	1,2	과목당 50점	과목당 40분	독일어I, 프랑스어I, 스페인어I, 중국어I, 일본어I, 러시아어I, 아랍어I, 기초 베트남어, 한문I 9개 과목 중 택 1

영역		책수	교 재 명
국어	A형	5책	1. 〈수능특강〉 국어 A형 2. 〈인터넷수능〉 화법과 작문&독서와 문법 A형 3. 〈인터넷수능〉 문학 A형 4. 〈EBS N제〉 국어 270제 A형 5. 〈수능완성〉 국어 A형
	B형	5책	1. 〈수능특강〉 국어 B형 2. 〈인터넷수능〉 화법과 작문&독서와 문법 B형 3. 〈인터넷수능〉 문학 B형 4. 〈EBS N제〉 국어 270제 B형 5. 〈수능완성〉 국어 B형
수학	A형	4책	1. 〈수능특강〉 수학Ⅰ A형 2. 〈수능특강〉 미적분과 통계 기본 3. 〈수능완성〉 수학Ⅰ A형 4. 〈수능완성〉 미적분과 통계 기본
	B형	8책	1. 〈수능특강〉 수학Ⅰ B형 2. 〈수능특강〉 수학Ⅱ 3. 〈수능특강〉 적분과 통계 4. 〈수능특강〉 기하와 벡터 5. 〈수능완성〉 수학Ⅰ B형 6. 〈수능완성〉 수학Ⅱ 7. 〈수능완성〉 적분과 통계 8. 〈수능완성〉 기하와 벡터
영어		6책	1. 〈고교듣기〉 고교영어듣기 2. 〈수능특강〉 영어 3. 〈인터넷수능〉 영어독해연습1-종합편 4. 〈인터넷수능〉 영어독해연습2-틀리기 쉬운 유형편 5. 〈EBS N제〉 영어 280제 6. 〈수능완성〉 영어

영역	책수	교 재 명
사회탐구	20책	과목별 2권 1. 〈수능특강〉 2. 〈수능완성〉 ※ 10개 과목 생활과 윤리, 윤리와 사상, 한국사, 한국 지리, 세계 지리, 동아시아사, 세계사, 법과 정치, 경제, 사회·문화
과학탐구	16책	과목별 2권 1. 〈수능특강〉 2. 〈수능완성〉 ※ 8개 과목 물리Ⅰ, 화학Ⅰ, 생명 과학Ⅰ, 지구 과학Ⅰ, 물리Ⅱ, 화학Ⅱ, 생명 과학Ⅱ, 지구 과학Ⅱ
직업탐구	20책	시험과목별 4권 1. 〈수능특강〉 2. 〈수능완성〉 ※ 10개 출제범위 과목당 2권 시험과목 / 출제범위 과목 표 아래 참조
제2외국어/한문	18책	과목별 2권 1. 〈수능특강〉 2. 〈수능완성〉 ※ 9개 과목 독일어Ⅰ, 프랑스어Ⅰ, 스페인어Ⅰ, 중국어Ⅰ, 일본어Ⅰ, 러시아어Ⅰ, 아랍어Ⅰ, 기초 베트남어, 한문Ⅰ

직업탐구 영역의 시험과목별 출제범위 과목:

시험과목	출제범위 과목
농생명 산업	농업 이해, 농업 기초 기술
공업	공업 입문, 기초 제도
상업 정보	상업 경제, 회계 원리
수산·해운	해양 일반, 수산·해운 정보 처리
가사·실업	인간 발달, 컴퓨터 일반

1.2 '침팬지 공부법'과 수능준비

대학수능시험 과목은 개인별로 다양하나 크게 분류하자면 국어, 영어, 수학, 암기과목으로 나뉩니다.

'침팬지 공부법'에서 제시하는 공부 방법이 모든 과목에 해당될까 하는 의문이 들 수 있습니다.

서두에서 영어, 즉 어학의 범위는 문법적인 요소에는 적용되나 듣기, 회화 등에서는 예체능과 같이 다른 방법이어야 한다고 하였습니다. 그러나 글자가 쓰여 있는 모든 지식정보 전달을 목적으로 작성된 책의 공부과목은 응용하여 적용이 가능합니다.

암기과목은 선다형 공부법으로 준비하면 충분합니다. 그러나 국어, 영어, 수학에서는 방법을 달리하게 되는데 요령은 간단합니다.

대학수학능력시험 홈페이지에는 시험 문제공개를 제외하고 어떤 문제로 평가하겠다는 것부터 과목별 수험 범위가 명확하게 제시되어 있고, 시험문제의 출제 방향은 무엇이고 어떤 것을 알고 있는지 확인하겠다고까지 공시되어 있습니다.

대학수학능력시험 홈페이지에는 Q&A자료집과 각종 공시를 통하여 과목별로 세부적인 학습범위와 출제의 패턴, 방향 등이 공시되어 있습니다. 이 자료들을 모두 과목별로 분석하여 종합하고 비교, 검토, 분석을 자신이 직접 해보는 것이 공부에 많은 도움이 됩니다.

분석해 보면 국어, 영어는 출제문제 패턴, 즉 예제 문제까지 제시되어 있고 중요 단원까지 구분되어 있음을 알 수 있습니다. 수학은 교과서에도 명시되어 있지만 암기과목과 같이 대단원, 중단원, 소단원이 명확하게 구분되어 있습니다. 그러므로 암기과목과 같습니다. 그러나 수학과목의 특성이 있으므로 '침팬지 공부법'에서 제시하는 수학공부법을 참조하기 바랍니다.

결국 '침팬지 공부법'은 수능 과목 모두를 포함하는 공부법입니다. 물론 다른 영역의 공부가 필요한 과목들은 별도로 연습하거나 체험하거나 창작해야 합니다.

'침팬지 공부법'을 응용하여 어떻게 하는 것이 적정한지를 다음 단원에서 각 과목별, 공부 유형별로 제시하였습니다.

국어, 영어, 수학과목을 응용이라고 한 이유는 자신만의 여러 방법들이 존재할 수 있고, 가르치는 장소, 선생님에 따라 모두 다양하게 존재하고 있는 특성이 있기 때문입니다.

또한 서점에는 마치 이 책 한 권만 터득하면 그 과목은 끝낼 수 있을 것 같다는 생각이 들게 하는 책들도 많습니다. 그러나 저자의 경험을 바탕으로 말하자면 책은 책일 뿐입니다. 아무것도 끝내주지 않습니다. 끝내는 방법은 오직 한 가지입니다. 자신이 행동하고 자기의 것으로 체화되어야만 자신의 것입니다.

저자도 지금 수년째 영어회화를 잘해보겠다고 이 책 한 권이면, 이 오디오 파일을 들으면, 이 기계를 사용하면, 하는 식으로 여러 종류의 영어 공부법을 체험하여 보았습니다. 그러나 지금도 잘 못합니다. 이유는 소리를 글로 공부하려는 잘못된 습관과 절대적으로 영어와 함께한 시간이 적다는 점입니다. 하루 한 시간? 두 시간? 어느 세월에 가능할까요? 일주일에 3시간도 집중하지 못하는 영어공부를 하면서 잘해보겠다는 것 자체가 영어를 무시하는 것이라 생각됩니다.

공부는 왕도가 없고 거짓이 없다고 생각합니다. '침팬지 공부법'을 포함하여 어떠한 방법도 공부를 끝내주지 못합니다. 끝낼 수 있는 것은 오직 자기 자신의 학습량이고 몰입의 정도입니다. 공부의 방법은 다만 효율성을 증진시키는 정도라고 보면 됩니다.

2 국어공부는 어떻게 할까요?

2.1 국어 점수는?

시험지의 질문은 무슨 글로 되어 있고 예문은 또 무엇으로 작성되어 있는지 생각하면 국어는 시험을 보기 위한 가장 중요한 과목입니다.

우리글로 질문하는데 그 글을 보고도 정확하게 이해를 못한다면 공부의 기본이 안 되어 있는 사람입니다. 그러므로 국어 점수는 곧 그 사람의 시험 전체 평균점수라 할 수 있습니다.

국어 과목은 글을 쓴 사람의 생각을 이해하는 학문이며, 이를 통해 자신의 생각을 글로 표현할 수 있는 능력을 함양시키는 목적이 있습니다.

또한 어떠한 사실을 표현함에 있어서 사실 그대로를 표현하는 단계를 넘어서 어떠한 단어와 어떠한 어휘와 주제를 어떻게 선정할 것인가와 그 주제를 설명하는 내용을 어떤 것으로 가지고 갈 것이냐에 따라 읽는 사람의 마음을 움직이는 힘이 있습니다.

그러므로 국어 과목은 전과목의 학습능력에 절대적인 영향을 미치는 과목입니다. 단순하게 암기한다고 되는 과목이 아니고 깊은 이해를 요구하는 과목이기에 어렵고, 답답하게 느낄 수 있습니다.

수험생 입장에 있고, 시험은 다가오는데 어린 시절부터 일기를 쓰고, 책을 많이 읽으면 좋다는 등의 상투적인 말은 도움이 안 될 단계의 사람들이 '침팬지 공부법'을 보고 있을 것으로 생각됩니다. 중요성을 더 강조하지 않아도 알고 있을 것입니다.

국어공부를 잘하기 위한 방법으로는 여러 방안들이 제시되어 있고 모두 맞는 이야기입니다.

'침팬지 공부법'에서 제시하는 방안으로는 첫 번째는 단어의 뜻을 명확하게 이해하는 것, 두 번째는 글을 쓴 사람의 상황과 마음을 이해하려고 노력하는 것, 세 번째는 자신이 평상시에 의사표현이든 발표를 하든 글의 구성요건과 논리 전개 순서를 갖추어 말하는 습관을 갖는것, 네 번째는 잡지를 보든, 신문을 보든, 만화를 보든, 걸어가다 현수막을 보든, 글자를 최대한 많이 보려고 하는 생활태도, 마지막으로 남들이 하는 소리에 관심 기울이고 들어보면서 자신을 점검해보는 것이 중요합니다.

훌륭한 문학도가 꿈이라면 보다 더 깊은 공부까지 하게 될 것이나 고등학교 과정까지의 국어 공부에서는 문법적인 요소와 고전적인 내용들은 오직 '자신의 노트' 정리를 통해 반복하여 체화시키는 것이 방법입니다.

글을 쓰는 능력, 즉 필력을 기준으로 정한다면 하루아침에 잘할 수 없는 과목이 국어입니다. 이는 그만큼 단기간에 공부했다고 근본적인 국어능력이 향상되는 데는 한계가 있는 과목이라는 뜻입니다.

그러나 수능시험 점수는 공부하면 향상됩니다. 요령은 많은 문제를 접하면서 왜 그것이 답인지를 역으로 분석하고 생각해보면 충분히 수준향상이 가능한 과목입니다.

많은 문제를 접해보면 어떤 글의 형태에서 어떤 문제들이 나오는 것을 짐작할 수 있습니다. 교과서를 중심으로 한 문제는 당연하고, EBS 등의 여러 다양한 강의 및 문제집을 풀지 말고 확인하는 과정으로 공부를 해나가는 것이 적정합니다.

2.2 단원별 오답 문제 정리 중요성

'자신의 노트' 정리 과정에서 국어는 어떻게 정리할지 난감할 것입니다. 국어 공부는 '자신의 노트'에 함축하여 정리하기가 곤란하기 때문입니다. 물론 암기적인 요소들은 간단하지만 예문이 길고 문제와 지문들도 모두 다양하여 문제를 확인하여 정리하기도 어렵습니다. 아니, 사실 불가능합니다.

이걸 해결하는 방법은 바로 이해되는 않는 부분만을 문제 그대로 '자신의 노트'에 정리하는 것인데, 방법은 오답 문제 또는 이해가 어려운 문제들만을 축소 복사하여 '자신의 노트'에 붙이는 것입니다.

물론 대단원(화법, 작문, 독서, 문법, 문학)을 구분해 두고 해당되는 문제들을 단원별로 정리하는 데, 오답과 이해하기 어려운 예문들을 축소 복사하여 붙여두고 계속 봅니다.

이런 과정을 하다 보면 어려운 문제나 생소한 문제들만이 '자신의 노트'에 실리게 되는데, 이 자료들이 고교과정 동안 모아지면 상당히 많은 양이 됩니다.

이렇게 정리된 '자신의 노트'는 수능 전까지 계속 뒤적이면서 이러한 문제의 패턴과 내용은 다시 틀리지 않도록 자신을 연습시키는 방법입니다.

그리고 완전히 이해되었거나 다음 시험에서도 계속 같은 유형의 문제를 잘 이해하고 분석할 줄 알게 된다면 해당 문제에 자신만의 표현을 해두어 다시 볼 때 무시하고 지나가도 됩니다.

유사한 문제 패턴, 같은 단원에서 계속되는 오답과 이해되지 않는 문제들이 계속 추가된다면 지금 '자신의 노트'에 종이 붙이기만 하고 있는 것입니다. 붙이고 수시로 뒤적이면서 확인해야 합니다. 그래야 예문이 바뀌어도 흔들리지 않고 문제를 잘 해결할 수 있습니다.

또한 문제를 확인하다 보면 새로운 문제 패턴이나 정말 좋은 예문이 들어 있는 경우에는 오답과 이해 여부를 떠나 붙여두고 시험 전에 보면 좋습니다.

그리고 아주 중요한 한 가지 방법은 문제를 복사하기 전에 예문에 답을 먼저 표기하고 예문만 복사하는 것입니다. 즉 너저분하게 질문과 예제문까지 모두 복사하지 말아야 한다는 뜻입니다. 또한 예문의 크기는 '자신의 노트' 양식에 맞추어 폭이 10㎝가 넘지 않도록 하여 노트의 쪽수가 부풀려지지 않도록 유의할 필요가 있습니다. 물론 과대하게 부풀려진다면 작성된 자료를 양면 복사하여 부피를 1/3로 줄이는 방법으로 해결할 수도 있습니다.

학교 수업과정에서 배우는 기본서에는 선다형 1~2단계를 모두 기록하여야 합니다. 별도로 자신만의 노트 작성을 못하는 대신 기본서에 모든 것을 함축시키는 것입니다. 그리고 '자신의 노트'에는 오답노트 겸

문제패턴 및 유형을 좋은 문제와 함께 유지합니다.

어학은 모두 동일하기에 영어를 예로 '자신의 노트'를 작성해 보았습
니다.

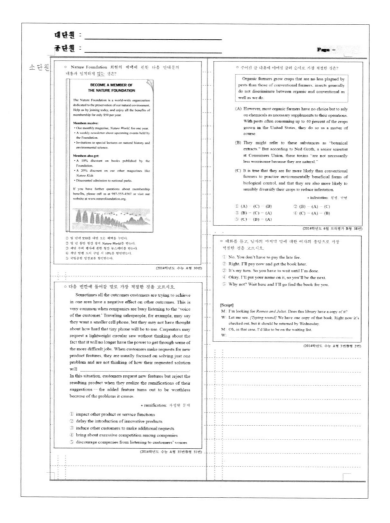

3 수학공부는 어떻게 할까요?

3.1 수학 점수는 서울·연고대 순?

저자는 자녀로부터 계산기가 있고, 컴퓨터 프로그램이 있는데 수학 공부할 필요가 뭐 있느냐는 질문을 받은 적이 있었습니다. 요즘 같이 컴퓨터가 발달되어 있는 세상에서는 아마도 한 번쯤은 이런 생각을 했었을 것입니다. 자신이 전공하고자 하는 분야에 따라 고등학교 이후에 수학은 사실 필요가 없을 수도 있습니다.

그러나 고등학교까지의 수학 학습은 반드시 필요합니다. 청소년기까지 사고력을 키우기 위한 가장 적정한 교육방안이기 때문입니다.

수학도 사고력을 키우기 위한 과목이므로 수학을 잘하는 친구들은 항상 상위권에 위치할 수 있는 역량을 갖춘 것이고, 역설적으로 수학 점수가 낮아서는 상위권 접근은 어려운 일입니다.

사고력은 생각하는 능력이고 생각하는 능력은 공부하는 능력입니다. 그러므로 수학 공부를 잘하는 사람은 공부도 잘합니다.

수능시험 결과에서 수학성적 순으로 대학에 진학한다는 통설이 맞는 이유도 수학은 사고력을 키우는 학문이기 때문입니다. 국어 및 외국어에 특별한 재능이 있는 사람은 아니라고 항변할 수 있겠지만 상위권 대학 진학에 수학이 대부분의 영향력을 발휘한다는 것에는 이

의가 없을 것입니다.

고등학교 2학년이 되면서 문과, 이과로 구분되어 수학과 어학 그리고 일부 과목을 달리하여 학습하게 되는데, 수학과 어학은 공통으로 배워야 하는 범위가 존재합니다. 이유는 대학에서 전공별로 분류되어 학습하게 되는데 고등학교에서 선행학습되어야 할 범위와 깊이가 다르기 때문입니다. 문과라 하더라도 공통범위까지는 수학공부를 하는 이유입니다.

지금까지의 선다형 3단계까지의 공부법이 '수학 과목에서도 적용될까?' 하는 의구심이 들었을 것입니다. 적용됩니다. 다만 체계적인 학문인 수학에서는 약간 다르게 응용되어야 합니다.

3.2 이해과목? 암기과목?

여러분은 수학 과목을 이해과목이라고 생각하나요, 아니면 암기과목이라고 생각하나요? 의견이 분분할 것입니다.

여러분 각자의 생각 모두가 각자 자신에게는 맞는 말입니다. 이유는 자신의 수학 학습 역량에 따라 각각 다르게 받아들이고 있기 때문입니다.

다시 질문하겠습니다. 초등학교 2학년 때 구구단을 외웠나요, 이해했나요? 아마도 대부분 외웠을 것입니다.

다시 질문하겠습니다. 미적분 문제를 풀 때 외워서 풀었나요, 이해하고 있으니까 풀었나요? 아마도 외워서는 풀지 못할 것입니다.

수학 과목은 체계적인 학문이고 논리와 정답이 명확한 과목입니다. 더 깊이 들어가 수학을 설명하면 자연현상을 숫자로 증명해 내는 것이기도 합니다.

상대성 원리

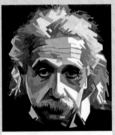

상대운동과 빛의 속도는 변하지 않는다는 광속불변의 법칙을 기반으로 하는 발전된 원리로, 한마디로 시간과 공간마저도 절대적인 것이 아니라 그 물체의 상황에 따라 변할 수도 있다는 원리입니다. 즉 빛의 속도에 가까워지면 시간이 느려지고 질량은 커지고 길이는 수축된다는 의미입니다.

그러나 아직까지는 이론에 불과합니다. 증명되지 않았기 때문입니다. 그 증명은 수학적으로 자연계와 일치시켜야 합니다.

마지막으로 질문하겠습니다. 수학의 천재, 영재가 아닌 일반인을 상대로 가르치는 고등학교까지의 수학은 암기과목일까요, 이해과목일까요?

저자는 고등학교까지의 수학은 암기를 전제로 하는 이해과목이라고 생각합니다.

일반인들이 자연 현상을 보고 수학적으로 증명하고 그것을 공식으로 정립시킬 수 없습니다. 고등학교 때까지 배우는 수학의 범위는 수천 년 동안 이어져 오면서 수많은 천재들이 자연현상을 통하거나 상상 속에서 검증하여 공식화되어 있는 사항입니다.

일반인은 이 과정을 이해할 수 없습니다. 고등학교 때까지 특별한 역량으로 수학을 잘 이해하고 있다 해도 이는 수학을 이해하는 것이 아니고 이미 공식화되어 있는 것을 잘 이해하여 문제풀이 연습을 통한 응용력을 배워서 문제를 잘 풀어내는 것에 불과하다고 말할 수 있습니다.

그것이 우리나라의 현실이라고 생각합니다. 세계 수학 경시대회에 나가면 우수한 성적을 거두는 우리 민족입니다. 그런데 청소년기에 그토록 훌륭한 학생이 성인이 되어 가면서 훌륭한 석학 한 명 나타나지 않습니다. 저자는 교육자가 아닙니다. 그러므로 교육정책을 논할 자격은 없습니다. 다만 우리나라에서 수학과 관련된 노벨상 수상자가 나타나지 않은 것을 볼 때 분명 뭔가 부족합니다. 노벨상 수상자가 나타나 저자의 의견은 무시당하길 바랍니다.

'수학은 암기를 전제로 하는 이해과목'이라는 것은 고등학교 수학까지의 공부를 말하는 것입니다. 그러나 수학은 결코 '침팬지 공부법'만으로 공부할 수 있는 과목이 아닙니다. 수학은 체계적이고 철저하게 연관성 있는 학문이기 때문입니다.

여러 번 더해지는 것이 곱셈이고 이를 공식화하여 외우는 것이 구구단입니다. 곱셈을 모르고 인수분해를 풀 수 없고, 인수분해를 알아야 이차방정식을 학습할 수 있으며, 방정식을 알아야 부등식, 함수 등을 이해하고 통계, 기하학, 도형 등을 학습할 수 있는 체계적이고 연관성 있는 학문이 수학입니다.

유치원에서 숫자부터 배우는 것이 체계적인 수학인데, 갑자기 열심히 한다고, 눈넘김을 한다고, '자신의 노트' 정리를 한다고, 침팬지 영상기억법을 터득하였다고 잘할 수 없습니다.

3.3 벼락공부가 불가능

저자의 자녀는 문과로, 수학 수준이 고등학교 2학년 2학기 때의 수학 성적은 4~5등급이었습니다. 그러나 수능 시험에서는 3등급을 달성하였습니다. 수학을 잘하는 학생은 웃을 일이지만 고2 때까지 체계가 안 잡힌 상태와 수능을 1년도 안 남긴 시간 제약 속에서는 상당한 성과였습니다.

저자와 함께 공부했던 사례를 설명하는 것이 '침팬지 공부법'을 응용하여 수학 공부하는 방법이라 생각되어 소개하고자 합니다.

다음 이미지는 벽에 큰 종이를 이용하여 유치원 과정부터 고등수학까지의 연관성을 작성한 것입니다.

먼저 완성된 이미지는 다음과 같으며, 수학의 연관성을 트리구조로 도식화한 것입니다.

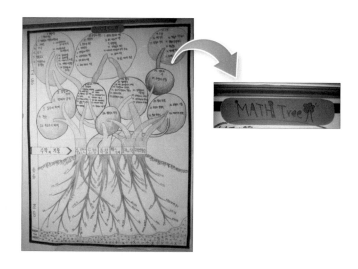

두 번째로 수학의 영양분, 즉 기초는 숫자와 사칙연산임을 표시해 두고 초등학교, 중학교 과정의 연관체계를 여러 번의 수정 끝에 고등 학교 공통수학과의 어떤 연관성이 있는가를 분석하여 대단원까지 도식화한 이미지입니다.

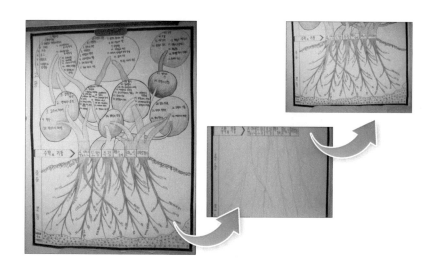

그다음 과정은 공통수학의 중단원, 소단원을 줄기로 파악하여 도식화한 것인데 수학은 일반 지식정보 책의 구성과는 다르게 중단원을 이루는 소단원이라는 개념보다는 중단원 속에 전체가 그룹화되어 구성되어 있다는 것이 더 적절하여 트리구조에서 줄기는 연관성만 표시하고 중단원별 그룹화로 표기하였습니다.

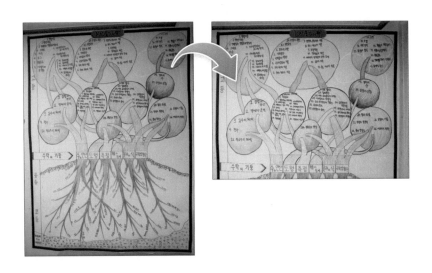

그리고 소단원 안에는 많은 공식들이 존재하므로 공식들은 메모지에 작성하여 해당 소단원 영역에 붙여보는 것까지를 수행해 보았는데, 자녀의 말로는 수학의 연관성을 이해하는 데 큰 도움이 되었다고 합니다. 아울러 후회한다고 하였습니다. 초·중·고 1~2 때 모르는 부분을 이해하지 못하고 지나가 버려 그다음 연관성 있는 단원에서는 좋은 성적을 낼 수가 없다는 것을 알게 되었으나 시간이 부족했다고 말입니다.

자녀는 이후 수학공부는 자신이 모르는 문제를 접하면 계속 아래

과정으로 내려가서 다시 공부하고 올라와 문제를 풀어가는 방법으로 했었는데, 역시 시간 부족으로 어느 단원은 거의 포기하고 할 수 있는 부분까지만을 최선을 다하여 시험에 임했습니다.

수학 과목의 '자신의 노트'는 다음과 같이 작성하면 됩니다.

'침팬지 공부법'의 원리는 모두 동일하게 적용하나, 자신의 수학 수준은 어느 정도인지와 단원별 이해도가 어느 정도인지를 알고 있어야 합니다. 알 수 있는 방법은 지금 배우는 범위에서 풀이할 줄 모른다면 그 단원의 연관성 있는 하위과정으로 내려가 다시 공부하는 것입니다. 고등학교 2학년 1학기 이내에 이 과정을 통해 체계를 정립하지 못하면 수능시험에서 인수분해 문제 정도 몇 문제만 풀고 나머지는 한 줄로 쓰거나 찍고 나올 확률이 많습니다.

'자신의 노트' 정리를 하게 되면 공식 하나하나는 소단원을 구성하는 요소가 될 것이며, 이 공식이 도출되는 과정을 옮겨 적어야 합니다.

이해하지 못하면 노트를 추가하는 방식이든 메모지를 사용하든 연관성 있는 하위 등급으로 내려가서 공식을 이해할 수 있을 때까지 해야 합니다. 설마 구구단까지 내려가지는 않을 것입니다.

그리고 공식은 외워야 합니다. 구구단도 공식입니다. 그래서 외웠던 것입니다. 여러분은 고등학교 과정까지 수학은 암기과목이므로 공식은 외우고, 그 공식의 도출과정은 이해해야 하는데 만약 이해하지 못하면 연관성 있는 하위과정으로 내려가 다시 학습하고 올라와야 합니다.

피타고라스 정리를 예로 들자면 피타고라스가 이집트 피라미드를 보고 연구하여 공식화한 것입니다. 피타고라스 일생에 깨우침 한 가지가 정립된 것입니다.

이렇게 정립된 공식을 수학 전공으로 깊은 공부가 되지 않은 청소년 시절에 완전하게 이해할 수 있고, 반증하거나 응용할 수 있다면 그 사람은 분명 천재입니다.

일반적인 수학 공부는 공식을 먼저 암기하고 풀이 과정 속에서 이해를 전제로 합니다.

그리고 수학은 '자신의 노트'에 오답관리를 철저하게 병행하고 문제 유형 및 응용패턴을 숙지한다면 좋은 성과로 이어질 수 있습니다.

연관성 있는 단원을 찾아 초·중 과정까지 파악하고 이해하고 외우는 과정으로 하루에 한 문제를 스스로 풀었다면 수학 만점을 받을 수 있습니다. 수학을 잘하는 친구들은 이렇게 말합니다. '100점 맞기 쉬운 과목이 수학이다.' 수학은 정직하고 정확하고 명쾌하기 때문입니다.

4 어학공부는 어떻게 할까요?

우리나라 국민은 세계화로 진출하기 위한 경쟁력을 태어나면서부터 50% 잃은 것과 같습니다. 국력은 인구와 면적과 자원인데 이들이 모두 부족하여 겪어야 하는 설움입니다. 한국어가 세계 공통어라는 즐거운 상상을 해보기 바랍니다. 여러분은 조금만 공부해도 해외에서 원어민 교사가 될 수도 있습니다.

그런데 영어권에서 세계 발전을 주도하였기에 선진 문명의 중요 책들과 논문은 당연히 영어로 되어 있습니다. 반대로 생각하여 즐겁게 영어를 받아들였으면 합니다. 우리가 영어를 공부하는 목적은 세계로 진출하기 위함이라고 생각하고 즐겁게 했으면 합니다.

영어 공부는 반드시 필요합니다. 또한 세계에 자신의 주장을 펼치려면 영어로 작성되고 영어로 발표되어야 합니다.

저자는 영어공부법에 대해서는 제시할 수 있는 경험이 없습니다. 몇 년 전까지는 딱히 필요도 없었고, 불편하지도 않았습니다. 그저 간판에, 광고에 나오는 단어 정도만 알아도 살아가는 데 불편함을 몰랐습니다.

그런데 회사에서 해외팀에 발령나면서부터 지금까지 몇 년을 한다고 해봐도 잘 안 되고 있는 것이 영어입니다.

그래서 영어 공부에 대해서는 여러분께 해줄 수 있는 말이 없습니다.

그러나 시험의 관점이라면 앞에서 설명한 국어시험 준비하는 과정과 별로 다를 것이 없습니다.

단어를 모르면 안 될 것이고 문장을 이해하지 못하면 안 될 것이고, 국어는 잘 듣고 말하니 불필요한 시험이지만 영어는, 아니 외국어는 듣기가 말하기보다 어려우니 테스트를 하는 것입니다.

저자가 해외출장 업무를 수행하면서 가장 어렵게 느낀 점은 바로 듣는 것이었습니다. 글로 되어 있는 것은 명확하게 이해할 수 있으나 소리인 말이 들리지 않음에 많은 어려움을 느꼈습니다. 동일한 단어도 신기하게 나라별로 사람별로 모두 다를 때 정말 답답했습니다.

수능영어 대비는 여러분이 더 잘 하고 있을 것이므로 이것으로 마치고 국어공부에서 제시했던 것과 같이 단원을 구분(듣기, 읽기, 독해, 작문, 심화, 영어회화)하여 자신만의 노트를 구성하고 자신의 오답과 좋은 문제라 생각되는 자료들을 축소 복사하여 붙여두고 계속 자주 보면서 함양시키는 것을 권유해 봅니다.

결국 영어도 국어와 같은 언어 개념이므로 글을 많이 읽고, 많이 듣고, 많이 이야기하고, 많이 써보고, 글 쓴 사람의 마음을 이해한다면 좋은 결과로 돌아오지 않을까 생각합니다.

참고로 대학수학능력시험 수험 자료실에 공개되어 있는 자료를 소개하고자 합니다.

세부자료는 과목별로 학습범위, 유형, 난이도, 예시문제까지 설명되어 있으므로 홈페이지에서 내려받아 보길 권유합니다.

1. 평가 목표

고등학교 영어과 교육과정 성취기준의 달성 정도와 대학에서 수학하는 데 필요한 영어 사용 능력을 평가한다.

2. 시험의 구성

구분		2015 통합형 수능 영어 영역	2014 수준별 수능 영어 영역	
			A형	B형
출제 범위		영어Ⅰ, 영어Ⅱ	영어, 영어Ⅰ	영어Ⅱ, 영어 독해와 작문, 심화 영어 회화
문항 수	총 문항	45 문항	45 문항	
	듣기	17 문항	22 문항	
	읽기	28 문항	23 문항	
시험 시간		70분 (듣기 평가: 25분 이내)	70분 (듣기 평가: 30분 이내)	
총점		100점	100점	
배점		2, 3점	2, 3점	

2015학년도 통합형 수능 영어 영역의 출제 범위는 2014학년도 수준별 수능 영어 영역 A형과 B형의 핵심 과목인 '영어Ⅰ'과 '영어Ⅱ'이다. 총 문항 수는 종전과 같이 45문항을 그대로 유지하지만, 듣기 평가 문항 수는 종전보다 5개 적은 17문항이며, 읽기 평가 문항 수는 종전보다 5개 많은 28문항이다. 듣기 평가 시간도 5분 줄어 25분 이내가 된다. 듣기 평가 문항 수가 축소되고, 읽기 평가 문항 수가 확대됨에 따라 검사지의 구성도 달라진다.

3. 통합형 수능 영어 듣기 검사지 구성

구분	문항 수			문항 유형
	2014 수준별	2015 통합형	축소 문항 수	
대의 파악 (하향 이해)	5문항	3문항	-2	대화 · 담화 목적 대화 · 주제/요지 대화 · 담화자 주장/의견 대화자 심정/관계 대화 장소
세부 사항 (상향 이해)	9문항	7문항	-2	그림 내용 일치/불일치 한 일/할 일/부탁한 일 5W1H 세부사항 숫자 관련 정보 대화 언급/불언급 담화 내용 일치/불일치 도표 내용 일치/불일치
간접 말하기	6문항	5문항	-1	짧은 대화 응답 대화 응답 담화 응답
복합	2문항	2문항	0	1대화 · 담화문 2문항
계	22문항	17문항	-5	

● 평가 목표

대화·담화를 듣고 전체적인 내용을 이해하거나 추론하는 능력을
측정한다.

● 문항 유형

대화나 담화의 목적, 주제, 요지 등을 추론하거나 대화자 또는 담화
자의 주장, 의견, 심정, 대화 장소나 대화자 관계 등을 추론하는 문항
등이 있다.

● 학습 안내

교과서에 제시된 다양한 대화와 담화의 듣기 자료를 들으면서 전체적인 맥락과 흐름을 이해하고 핵심 내용이 무엇인지 유추해 본다. 이때 대화나 담화의 세부적인 내용보다는 화자가 반복하여 강조하는 내용은 무엇이며, 어떠한 방식을 통해 말하고자 하는 바를 전개하는지 파악해 본다. 또한 대화나 담화에서 제시되는 정보에 대한 사실적 이해를 바탕으로 하여 직접적으로 제시되지 않는 사항을 논리적으로 추론해 보는 연습도 도움이 된다.

4. 통합형 수능 영어 읽기 검사지 구성

구분	문항 수			문항 유형
	2014 수준별	2015 통합형	확대·축소 문항 수	
대의 파악 (하향 이해)	3문항	6문항	+3	목적/주장/시사점 주제/요지/제목 화자의 심경
문법·어휘	3문항	3문항	0	어법(선택형/밑줄형) 어휘(선택형/밑줄형) 지칭 추론
세부 사항 (상향 이해)	2문항	4문항	+2	일치/불일치(내용) 일치/불일치(실용자료) 일치/불일치(도표자료)
상호 작용 (빈칸 추론)	7문항	4문항	-3	빈칸 추론 (단어/구/절/문장/연결사)
간접 쓰기	3문항	6문항	+3	무관한 문장 찾기 글의 순서 배열 문장 삽입 문장 요약

상호 작용 (빈칸 추론)	7문항	4문항	− 3	빈칸 추론 (단어/구/절/문장/연결사)
간접 쓰기	3문항	6문항	+ 3	무관한 문장 찾기 글의 순서 배열 문장 삽입 문장 요약

● 평가 목표

글을 읽고 전체적인 내용을 이해·추론하는 능력을 측정한다.

● 문항 유형

글의 주제, 목적, 요지, 제목, 시사점, 분위기/심경, 필자의 주장/의견을 추론하는 문항 등이 있다.

● 학습 안내

일상생활 관련 소재를 비롯하여 인문, 사회, 예술, 과학과 같은 다양한 분야의 글을 읽으면서 전체적인 맥락을 이해하고 핵심 내용을 유추해 본다.

그리고 글에 대한 사실적 이해를 바탕으로 하여 직접적으로 제시되지 않는 사항을 논리적으로 추론해 보는 연습이 필요하다.

5 대학공부는 어떻게 할까요?

고등학교 선다형 시험공부 위주의 주입식, 암기식 학습법에 길들여져 있다가 이제 막 대학공부를 시작한 대학 신입생들은 초기에 적잖이 당황할 것입니다. 고등학교 때처럼 친절하게 처음부터 공부를 가르쳐주지 않아 당황하고, 주제의 방향만 제시할 뿐 세부 제시문 선정도 없이 리포트를 작성하라 하여 당황하며, 설명하고, 발표하고, 논하라 했을 때 당황스러울 것입니다.

고등학교까지는 수능시험을 목적으로 선다형 공부위주를 하는 것이고, 대학부터는 논술형, 즉 자신의 학습역량을 바탕으로 사고논리력을 요구하는 체계로 전환하는 것이 대학공부입니다. 고등학교에서 다양한 경험이 부족했다면 글쓰기, 말하기, 발표하기에서도 자신이 부족하다는 생각을 많이 하게 됩니다.

독서, 웅변, 일기 쓰기, 발표 등을 많이 해봤다면 도움이 됩니다. 그러나 저자는 공부를 통해 충분히 극복할 수 있는 사안이라고 생각합니다. 아는 만큼 말하고 글로 쓸 수 있기 때문입니다. 그리고 단순한 암기 공부가 아닌 깊이 고민하여 공부한다면 자신의 생각도 정립되어 훌륭한 성장에 이를 수 있습니다.

나중에 알게 된 사실이지만 저자가 공부법을 터득하게 된 계기는 논문을 읽으면서부터였습니다.

저자는 고등학교까지 학원이라는 것을 다닐 수 없었고, 대학공부와 일을 병행하느라 스터디 그룹활동도 못해보고 독학으로만 했었고, 이후 석사, 박사과정도 학교에 가지 못하고 주경야독으로 공부했습니다. 이 과정 속에 터득한 것이 이 책의 '침팬지 공부법'이었습니다. 관련 자격증을 공부하면서 선다형을 터득하였고, 학교공부와 기술사 공부를 하면서 논술형을 알게 되었습니다.

기본서는 책의 지식정보를 체계적으로 전달하기 위한 목적으로 작성되어 있기에 왜 그렇게 했는지, 왜 그렇게 결정되었는지, 왜 다른 방법이나 논리는 배제했는지 등에 대한 내용은 부족합니다.

반면 논문은 제목에 해당되는 분야에 대한 기본지식에서부터, 역사와 깊이와 폭이 존재하는데 모두 읽기에는 시간이 많이 소요되어 논문을 처음 볼 때는 제목을 깊게 생각하고 중단원 구성내용을 확인 후에 그 중단원 속에 소단원의 내용을 어떻게 논리를 펴고 있는지를 보고 나서 내용을 보면 쉽게 이해되고 핵심파악이 쉬워지는 경험을 했습니다. 그것을 일반 책에도, 노트작성에도 적용해 보면서 정립한 공부법이 '침팬지 공부법'입니다. 이 논문은 자신의 역량을 한층 끌어올릴 수 있습니다.

대학교수는 어느 특정분야의 전문성을 반드시 갖추고 있습니다. 교수 임용심사에서 무엇으로 전문성을 입증하였을까요? 바로 논문입니다. 어떤 과목을 지도할 수 있는 자격 여부를 논문으로 검증하는 것입니다.

교수들은 고등학교 교사처럼 '가르친다'는 표현이 아닌 '지도한다'는 개념을 사용합니다. 공부는 학생이 하는 것이기 때문입니다. 그런데 교수는 학생들을 리포트, 발표, 논술 등으로 다양하게 평가합니다. 여러분은 대학 공부를 어떻게 하는 것이 좋겠습니까?

교수에게는 각 강의 주제별로 어떤 분야를 담당하기 전에 이미 그 과목의 전문성을 검증받은 논문이 존재합니다. 그러므로 먼저 정해진 기본서를 1단계 공부 방법으로 눈으로 한 후 관련 논문을 검색하여 (과제 또는 시험주제) 기본서를 기준한 예상 답안지를 스스로 분석, 비교, 검토, 고민을 통하여 정리한 후 그것을 보고 자기 자신에게 입으로 가르치다 보면 의문이 생기고 그 의문에 꼬리를 물어 계속 질문이 생길 것입니다. 이렇게 계속 고민하고 국내의 논문을 확인하고 질의하고 토론하다 보면 자신만의 논리가 정립됩니다. 이것이 대학공부를 즐겁게 할 수 있는 방법입니다.

학사, 석사, 박사

학위별로 공부 범위 및 단계가 있습니다. 쉽게 표현해보자면 학사는 '왜 이럴까' 이고, 그것을 '나는 이렇게 생각해서 이렇게 논리를 전개해본다' 가 석사이고, 박사는 '이 논리를 내가 이렇게 해서 이런 연구를 통해 이것이 맞다' 는 것을 증명하는 명제를 제시하는 것입니다.

공부는 끝이 없습니다. 그 끝은 자신이 선택합니다. 올바르게 살겠다고 맹세하고 어떻게 살아가겠다고 정의했다면 공부의 끝은 스스로 결정하는 것입니다. 아주 소박한 꿈도 꿈이고 인류를 향한, 아니, 우주를 향한 거창한 꿈도 꿈입니다. 모두 자신이 선택한 꿈이어야 합니다. 그 꿈을 결정지으면 공부의 단계와 깊이가 결정됩니다.

직업의 종류와 선택한 꿈의 크기 등 모든 것은 자신이 결정합니다. 그러나 인간은 학습의 동물입니다. 높은 단계까지 학습하는 것이 더 높은 단계를 스스로 개척해 나갈 수 있게 하는 발판입니다. 그것이 변화이자 발전입니다. 즉 공부를 평생 하는 사람은 계속 변화하고 발전할 것이고 게을리 하는 사람은 멈추거나 퇴보할 것입니다.

그래서 어른들이나 부모님들은 공부를 강조합니다. 당신들의 시대에서는 다른 나라에게 원조받는 가난한 시절을 살아오면서 공부를 하고 싶어도 못하였고 꿈을 키우고 싶어도 배우지 못해 꿈을 접어야 했기 때문입니다.

대학까지 대부분 편안하게 공부할 수 있는 국가에서 살고 있는 우리는 너무나 행복한 사람들입니다.

6 자격증 공부는 어떻게 할까요?

    자격증 시험의 유형은 분야별, 등급별로 다양하게 존재합니다. 상황에 따라 다르나 첫 번째 관문은 객관성과 투명성을 확보하기 위한 방안으로 컴퓨터 채점방식의 선다형 시험이 존재합니다. 이러한 자격증 시험은 응시자 간 경쟁이 아닌 자신의 노력만큼 취득하는 점수로 합격을 결정짓는 절대평가 방식입니다. 일정 지식수준에 도달하면 합격하게 되고 2차라는 제도로 각종 등급에 맞게 서술, 실기 등의 다양한 방법으로 최종 합격시키고 있습니다.

    이러한 절대평가시험은 난이도를 조절해야 할 의무가 있습니다. 예를 들자면 전년도 시험에서는 95%가 60점 이상을 얻어 합격했는데 이번 시험에서 10%만이 합격하게 된다면 분명 문제가 생깁니다. 그렇기 때문에 선다형 시험의 자격증 공부 방법은 약간의 편리한 방법으로 쉽게 성과를 낼 수 있습니다.

    물론 선다형의 1단계 눈으로, 2단계 손으로, 3단계 입으로까지 완벽하게 해내는 것이 보다 더 많은 지식을 함양할 수 있지만 시간은 급박하고 합격이 먼저고 그 후에 차차 실무를 통해 전문 지식을 쌓아가겠다는 생각이라면 저자가 했던 방법으로 해보는 것도 좋을 것 같아 소개하고자 합니다.

    책 한 권으로 공부할 수 있는 자격증 시험이라면 단기간에 성과를 낼 수 있습니다.

선다형 1단계를 수행하고 2단계의 연필, 청색까지는 수행하되 검정색의 '자신의 노트' 정리를 생략하고 곧바로 문제 확인에 들어갑니다.

문제 확인과정으로 기본서에 밑줄 또는 자신이 알 수 있는 방법으로 표기합니다.

기본서의 주요 내용을 표기해 두고 문제 확인을 통해 중요 부분이 모두 표기가 된 상태에서 3단계 소리 내어 자신에게 설명하는 과정을 수행합니다. 이렇게 하면 100점에는 도달하지 못하더라도 절대평가 기준은 통과할 수 있습니다. 이 방법은 선다형 시험에서 70점 이상 성취하는 공부법에 해당됩니다.

7 상상카드는 자신의 미래를 이끌어 준다!

상상카드는 작은 메모지와 볼펜을 휴대하고 다니다가 언제 어디서 든 떠오르는 내용을 적어두고 책상에 모아 두었다가 종종 시간 날 때 넘기면서 보고 해결된 것은 버리는 카드입니다.

상상하는 내용은 모든 것이 해당됩니다. 공부와 관련된 내용만을 작성하는 것이 아니고 스치듯 지나가는 번뜩이는 아이디어, 뉴스를 보다가 왜 그렇게 됐을까 하는 궁금증, 악상이나 율동, 친구에게 해주 고 싶은 말, 시적 감성이 떠오르는 문구, 모르는 단어나 수학공식 암 기사항 등등 어떠한 주제도 상관없이 카드 이름 그대로 상상하는 그 무엇이든 간단하게 적는 카드입니다.

이 카드를 활용하면 자신도 놀랄만한 일들이 종종 벌어집니다. 이 자료들은 책상 한쪽에 상자를 두고 그 안에 모아 둡니다. 그리고 시 간 날 때 보면서 버리고 싶은 내용은 바로 버리면 되는데, 카드를 보 면서 간단하게 적은 글귀나 그림에서 당시 상황이 떠오르거나 보완되 는 내용이 생각나거나 문구를 다듬거나 더 호기심이 생겨 인터넷으 로 조사를 하거나 하는 행동들을 하게 됩니다.

인간의 영감은 놀라운 능력을 가지고 있습니다. 몇 년 동안 해결되 지 않던 사항이 문득 한순간에 떠오르면서 해결됩니다. 가만히 있는 데 떠오르거나 스스로 알게 될 일은 결코 없습니다. 계속 관심을 가

져주고 사랑의 신호를 보내야만 선물을 주는 것입니다. 그것이 바로 상상카드입니다.

수년 전에 적어둔 글귀가 지금도 있다면 그것에 대한 자신만의 정답이 정리되지 않았기 때문입니다.

예를 들어 찾을 수 없는 어떤 사람이 그립다면 상상카드에도 'OOO야 어떻게 살고 있냐!'라고 적었을 것입니다. 이렇게 적어두고 한 달에 한 번이든 일주일에 한 번이든 보았다면 아마도 스쳐 지나가다라도 영감이 작용하여 느낌이 와 만날 수 있을지 모릅니다. 적어두고 보지 않고 생각하지 않았다면 그 사람이 지금 옆을 지나가도 느낄 일은 없습니다. 그것이 영감입니다.

상상카드는 자신의 영감을 계속 자극하여 자신의 역량을 어디까지 이끌어 줄지 모릅니다. 영감은 공부로 얻을 수 있는 것이 아니고 오직 지속적이고 일관된 자신의 마음에서 이루어지는 것입니다. 그 도구가 상상카드입니다.

양질의 흰 종이를 명함크기로 잘라서 지갑에 몇 장씩 넣어 휴대하고 다니다가 생각 날 때마다 적어두고 집에 돌아와 다시 한 번 읽으면서 버릴 것은 버리고 정리할 것은 정리하여 상상카드함에 넣어두고 주기적으로 봅시다. 암기하려고 적은 내용이라면 다시 지갑에 넣어두고 한가한 시간이 주어지면 꺼내어 한 번씩 보면 됩니다.

스마트폰에 메모기능이 있는데 뭐하러 이런 수고를 하느냐고 반문하는 분이 있을 수 있습니다. 하지만 때로는 불편한 것이 오래가는 법이라 생각합니다. 스마트폰을 분실이라도 하는 날에는 아마도 자신의 인생을 바꿀 귀중한 한 장의 상상카드가 같이 날아갈 수 있습니다.

그리고 일주일에 한 번씩 그것을 보고 정리하고 보완하게 된다면 자신의 인생에 어떤 기적이 일어날지 모릅니다.